江苏高校优势学科建设工程
国家自然科学基金项目（编号：42001225）　联合资助
江苏省“双创博士”项目

南京大学人文地理优秀博士文丛

区域土地利用功能权衡特征与机制研究

——以江苏省为例

范业婷·著

南京大学出版社

总　序

自1921年竺可桢先生创立地学系以来，南京大学地理学已走过百年发展路程。百年历史见证了南京大学人文地理学科发展的历程与辉煌，彰显了南京大学人文地理学科对中国当代人文地理学发展的突出贡献。

南京大学是近代中国人文地理学科发展的奠基者。从南京高等师范学校1919年设立的文史地部，到国立东南大学地学系，再到1930年建立地理系，一直引领着中国近代地理学科建设与发展；介绍“新地学”，讲授欧美的“人地学原理”、“人生地理”，以及区域地理、世界地理、政治地理、历史地理、边疆地理和建设地理等，创建了中国近代人文地理学学科体系。南京大学的人文地理一贯重视田野调查，1931年“九·一八”事变前组织的东北地理考察团，随后又开展的云南、两淮盐垦区考察以及内蒙古、青藏高原等地理考察，还有西北五省铁路旅游、京滇公路六省周览等考察，均开近代中国地理考察风气之先；1934年，竺可桢、胡焕庸、张其昀、黄国璋等先生发起成立中国地理学会，创办了《地理学报》，以弘扬地理科学、普及地理知识，使南京大学成为当时全国地理学术活动的组织核心。人文地理学先驱和奠基人胡焕庸、张其昀、李旭旦、任美锷、吴传钧、宋家泰、张同铸、曾尊固等先生都先后在南京大学人文地理学科学习或教学、研究。早在1935年，任美锷先生、李旭旦先生就翻译出版了法国著名人文地理学家白吕纳的《人地学原理》，介绍了法国人地学派；1940年设立中央大学研究院地理学部培养硕士研究生，开展城市地理与土地利用研究；20世纪40年代，任美锷先生在国内首先引介了韦伯工业区位论，并撰写了《建设地理学》，产生了巨大影响；胡焕庸先生提出了划分我国东南半壁和西北半壁地理环境的“胡焕庸线”（瑷珲—腾冲的人口分布线），被广泛认可和引用，是中国地理学发展的重要成果。张其昀、沙学浚先生所著《人生地理学》、《中国区域志》及《中国历史地理》、《城市与似城聚落》等，推进了台湾地区人文地理学科研究和教育的发展。竺可桢先生倡导的“求是”学风、胡焕庸先生倡导的“学业并重”学风，一直引领着南京大学人文地理学科的建设与发展。

南京大学积极推进当代中国人文地理教育，于1954年在全国最早设立了经济地理专业；1977年招收城市区域规划方向，1979年吴友仁发表《关于中国社会主义城市化问题》，引起了学界对于中国城市化问题的关注，也推动了城市规划专业教育事业发展；1983年兴办了经济地理与城乡区域规划专业（后为城市规划专业），成为综合性高校最早培养理科背景的城市规划人才的单位之一；1982年与国家计划委员会、中国科学院自然资源综合考察委员会合作创办了自然资源专业（后为自然资源管理专业、资源环境与城乡规划管理专业）；1991年又设立了旅游规划与管理专业（现为旅游管理专业）。这不仅为培养我国人文地理学人才提供了多元、多领域的支撑，而且也为南京大学城市地理、区域地理、旅游地理、土地利用、国土空间规划等人文地理学科的建设与发展提供了有力的支撑。

南京大学不仅在人文地理专业教育与人才培养方面发挥了引导作用，在人文地理学科建设方面也走在全国前列，当代人文地理学教学与研究中名家辈出。张同铸先生的非洲地理研究、宋家泰先生的城市地理研究、曾尊固先生的农业地理研究、崔功豪先生的区域规划研究、雍万里先生的旅游地理研究、包浩生先生的自然资源与国土整治研究、彭补拙先生的土地利用研究、林炳耀先生的计量地理研究等，都对我国人文地理学科建设与发展产生了深远的影响，在全国人文地理学科发展中占据着重要的地位。同时，南京大学人文地理学科瞄准国际学科发展前沿和国家发展需求，积极探索农户行为地理、社会地理、信息地理、企业地理、文化地理、女性地理、交通地理等新的研究领域，保持着人文地理学学科前沿研究和教学创新的活力。

南京大学当代人文地理学科建设与发展，以经济地理、城市地理、非洲地理、旅游地理、土地利用与自然资源管理、国土空间规划为主流领域，理论和应用并重，人文地理学的学科渗透力和服务社会能力得到持续增强，研究机构建设也得到了积极推进。充分利用南京大学综合性院校多学科的优势，注重人文地理学科与城乡规划学科融合发展，并积极响应国家 2019 年提出的构建国土空间规划体系建设要求，在地理学学科设立了土地利用与自然资源管理、国土空间规划等二级学科，引领了我国国土空间规划领域的博士生人才培养，整合学科资源，建设南京大学人文地理研究中心及国土空间规划研究中心。按照服务国家战略、服务区域发展以及协同创新的目标，与中国土地勘测规划院等单位共建自然资源部碳中和与国土空间优化重点实验室，与江苏省土地勘测规划院共建自然资源部海岸带开发与保护重点实验室。此外，还积极推进人文地理学科实验室以及工程中心建设，包括建设南京大学江苏省智慧城市仿真工程实验室、江苏省土地开发整理技术工程中心等，积极服务地方发展战略。

南京大学当代人文地理教育培养了大量优秀人才，在国内外人文地理教学、研究及区域管理中发挥了中坚作用。如，中国农业区划理论主要奠基人——中国科学院地理与资源研究所邓静中研究员；组建了中国第一个国家级旅游地理研究科学组织，曾任中国区域科学协会副会长，中国科学院地理与资源科学研究所的郭来喜研究员；中国科学院南京分院原院长、中国科学院东南资源环境综合研究中心主任、著名农业地理学家佘之祥研究员；中国区域科学协会副会长、中国科学院地理与资源科学研究所著名区域地理学家毛汉英研究员；我国人文地理学培养的第一位博士和第一位人文地理学国家自然科学基金杰出青年基金获得者——中国地理学会原副理事长、清华大学建筑学院顾朝林教授；教育部人文社会科学重点研究基地、河南大学黄河文明与可持续发展研究中心主任、黄河学者苗长虹教授；中国城市规划学会副理事长石楠教授级高级城市规划师；中国城市规划设计研究院原院长杨保军教授级高级城市规划师；自然资源部国土空间规划研究中心张晓玲副主任；英国社会科学院院士、伦敦大学政经学院城市地理学家吴缚龙教授等，都曾在南京大学学习过。曾任南京大学思源教授的美国马里兰大学沈清教授，南京大学国家杰出青年基金(海外)获得者、美国犹他大学魏也华教授也都在人文地理学科工作过，对推进该学科国际合作起到了积极作用。

南京大学当代人文地理学科建设与发展之所以有如此成就，是遵循了任美锷先生提出的“大人文地理学”学科发展思想的结果，现今业已形成了以地理学为基础学科，以经济学、历史学、社会学、公共管理、城乡规划学等学科为交融的新“大人文地理科学”学科体系。南京大学正以此为基础，在弘扬人文地理学科传统优势的同时，通过“融入前沿、综合交叉、服务应用”的大人文地理学科发展理念，积极建设和发展“南京大学人文地理研究中心”(www.hugeo.nju.edu.cn)。

新人文地理学科体系建设，更加体现了时代背景，更加体现了学科融合的特点，更加体现了人文地理学方法的探索性，更加体现了新兴学科发展以及国家战略实施的要求。尤其是在教育部新文科研究与改革实践项目支持下，南京大学人文地理学科联合城乡规划、公共管理等学科，牵头实施了“面向国土空间治理现代化的政产学研协同育人机制创新与实践”，为人文地理学跨学科融合发展提供了新的契机。为此，南京大学人文地理学科组织出版并修订了《南京大学人文地理丛书》，这不仅是南京大学人文地理学科发展脉络的延续，更体现了学科前沿、交叉、融合、方法创新等，同时，也是对我国人文地理学科建设与发展新要求、新趋势的体现。

《南京大学人文地理优秀博士文丛》将秉承南京大学人文地理学科建设与发展的“求是”学风，“学业并重”，积极探索人文地理学科新兴领域，不断深化发展人文地理学理论，努力发展应用人文地理学研究，从而为我国人文地理学科建设添砖加瓦，为国内外人文地理学科人才培养提供支持。

我们衷心希望《南京大学人文地理优秀博士文丛》能更加体现地理学科的包容性理念，不仅反映南京大学在职教师、研究生的研究成果，还反映南京大学校友的优秀研究成果，形成体现南大精神、反映南大文化、传承南大事业的新人文地理学科体系。衷心希望《南京大学人文地理优秀博士文丛》的出版，不仅展现南京大学人文地理学的最新研究成果，而且能够成为南京大学人文地理学科发展新的里程碑。

前　言

土地变化科学的兴起使土地利用研究的焦点开始从土地利用格局变化转向土地利用功能变化及功能之间相互关系的研究。土地利用功能是从改善人类福祉的土地利用系统中获得的利益，其概念的提出使得对土地利用系统变化能够进行更全面的评估。明确不同土地利用功能变化及其相互关系对于国土空间规划与管理至关重要，尤其是对复杂社会生态系统土地利用规划与管理政策的制定具有重要指导意义。然而，已有关于土地利用功能的研究主要围绕自然生态系统展开，忽视了人类主导的复杂社会生态系统对土地利用的影响，并且现有研究更多停留在以行政区为基本单元的功能评价阶段，对精细尺度土地利用功能及其相互之间关系的分析显得不足。

基于此，本研究以土地利用多功能性和生态系统服务权衡为理论支撑，围绕国土空间规划与管理需求，综合考虑复杂社会生态系统中不同土地利用方式之间的关联与影响，构建土地利用功能分类框架和评价指标体系；并以中国东部发达地区江苏省为例，基于格网尺度，综合采用 InVEST 模型、统计数据空间化以及其他地理空间分析等方法定量测度 2000—2015 年不同时间断面下江苏省各项土地利用功能，分析研究期间各项土地利用功能时空变化特征。在此基础上，进一步揭示不同土地利用功能之间的权衡关系、权衡强度及其时空变化特征，探究不同类型土地利用功能权衡的影响机制。最后，基于县级行政区尺度，划分不同类型土地利用功能分区，判别不同分区主导土地利用功能变化特征以及存在的关键土地利用问题，提出不同分区发展方向以及促进多种土地利用功能协调发展的对策建议。研究对土地变化科学的发展以及国土空间规划的开展、土地管理策略的制定具有重要的理论和现实意义。本书主要研究结论如下。

(1) 研究将土地利用功能划分为生产功能、生活功能、生态功能 3 项一级功能以及 12 项二级土地利用功能。2000—2015 年，江苏省生产功能总体表现出显著的“北增南减”差异特征，其中“先减后增”增强型、连续增强型、“先减后增”减弱型和连续减弱型变化尤为显著；生活功能总体表现为增强态势，其中江苏南部地区生活功能增强尤为明显，主要表现为“先增后减”增强型和连续增强型；生态功能总体呈现较为显著的减弱趋势，并且江苏南部地区生态功能减弱最为明显，生态功能“先增后减”减弱型主要集中分布在江苏北部地区和沿海地区，“先减后增”减弱型主要分布在沿江地区，连续减弱型主要分布在江苏东南部地区。

(2) 研究期间，格网尺度下，江苏省“生产—生活”功能权衡总体呈现“北增南减”态势，且以“先减后增”减弱型和“先减后增”增强型变化模式为主；“生产—生态”功能权衡总体呈增强趋势，以“先增后减”增强型和波动增强型变化为主；“生活—生态”功能权衡总体呈减弱趋势，且以“先增后减”减弱型、波动减弱型和“先减后增”减弱型变化为主；“生产—生活—生态”功能权衡变化以“先减后增”减弱型、波动减弱型和“先增后减”减弱型为主。从区域视角看，苏中地区和苏北地区“生产—生活”功能权衡强度高于苏南地区，且总体呈现“先减后增”变化态势；“生产—生态”功能权衡主要分布在苏南地区且呈现不断增强态势；“生活—生态”功能权衡和“生产—生活—生态”功能权衡高值区主要集中分布在江苏东部沿海地区。

(3) 研究期间，距最近生态用地距离是江苏省“生产—生活”功能权衡最主要的影响因子，但其影响程度在研究期间有所减弱。土地利用类型是“生产—生态”功能权衡、“生活—生态”功能权衡以及“生产—生活—生态”功能权衡最主要的影响因子，且林地区域各项功能之间的权衡强度水平最高。坡度、地形指数越高，“生产—生态”功能权衡、“生活—生态”功能权衡、“生产—生活—生态”功能权衡强度越高；距最近生态用地距离越远，“生产—生态”功能权衡越弱，“生产—生活”功能权衡、“生活—生态”功能权衡和“生产—生活—生态”功能权衡则越强；香农多样性指数越高，“生产—生态”功能权衡越强，“生活—生态”功能权衡和“生产—生活—生态”功能权衡则越弱。

(4) 江苏省可被划分为五种不同类型土地利用功能分区,分别为西南丘陵生活功能增强区、环太湖平原生产功能减弱区、沿海平原生态功能增强区、里下河平原生态功能减弱区、徐淮平原生产功能增强区,不同分区土地利用功能变化特征各有差异。基于此,研究进一步提出不同分区发展方向,并从空间管制、制度创新、生态补偿、综合整治等角度提出促进多种土地利用功能协调发展的对策建议。

目　录

第一章 绪 论

1.1 研究背景与意义

1.1.1 研究背景

1. 资源环境约束加剧制约国土空间可持续发展

土地是地球表面某一地段包括地质、地貌、气候、水文、土壤、植被等多种自然要素在内的自然综合体(赵松乔等,1979)。土地资源不仅是重要的生产要素,提供人类生存不可或缺的食物和纤维,也是人类活动的关键性资源,提供诸如居住、经济保障等生活功能,同时还具备土壤、水文、气候、植被等生态环境特征(李广东、方创琳,2016; Jin et al., 2016)。土地利用实质上是人类对地球表面的改造行为,以满足人类生存和发展需求为主要目标。土地利用及其变化被认为是全球变化的主要决定因素之一,能够对生态系统、气候变化和人类脆弱性产生重大影响,关系着人类福祉提高和区域可持续发展(Foley et al., 2005; Verburg et al., 2009; Yang et al., 2019)。

改革开放尤其是20世纪后期以来,中国工业化、城镇化持续快速发展,土地利用空间格局发生了显著变化(Liu et al., 2010; Liu et al., 2014)。2000—2015年,全国人口共增加1.11亿,城镇化率由36.20%增长到56.10%,年均增长约1.13个百分点(图1-1),不断增长的人口以及人口城镇化的快速发展对城镇空间居住承载、产业发展等提出了更高要求,而高强度土地开发利用则成为满足快速城镇化的主要途径。随着城乡建设用地不断扩张，农业和生态用地空间受到挤压，城镇、农业、生态空间矛盾加剧（樊杰，2007）。2010—2015 年，全国耕地共减少约 27 万公顷（图 1－2），人均耕地数量不断减少。2015 年，耕地平均质量等别为 9.97①，其中低于平均等别的耕地占耕地总面积的 60.11％，耕地质量总体偏低，粮食安全面临严峻挑战。为此，人类开始通过农业集约经营来满足不断增长的人口对粮食的需求。农药、化肥等农业化学品的大量使用，对土壤、水文等生态系统造成了一定负面影响，土壤污染、水土流失等环境问题日益突出（Tilman et al.，2002；Luo et al.，2009）。全国土壤总的点位超标率为 16.1％②，水土流失面积达到 295 万 km^2。此外，约 44％的野生动物种群数量呈下降趋势，野生动植物种类受威胁比例达 15％～20％③，生物多样性降低，生态系统功能不断退化，严重制约了土地利用可持续发展。在新型城镇化和生态文明建设背景下，如何规范区域国土开发秩序，促进区域资源环境优化配置，缓解经济增长、社会转型与环境保护之间的矛盾冲突已经成为区域可持续发展领域的重要科学命题，引起学术界和决策层的广泛关注（樊杰等，2013）。

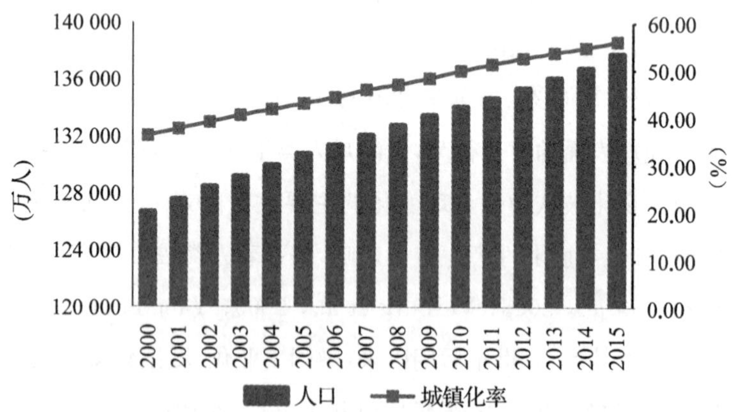

图 1－1　2000—2015 年中国人口和城镇化率变化

① 数据来源于 2016 年全国耕地质量等别更新评价结果。

②③ 数据来源于《全国国土规划纲要（2016—2030 年）》。

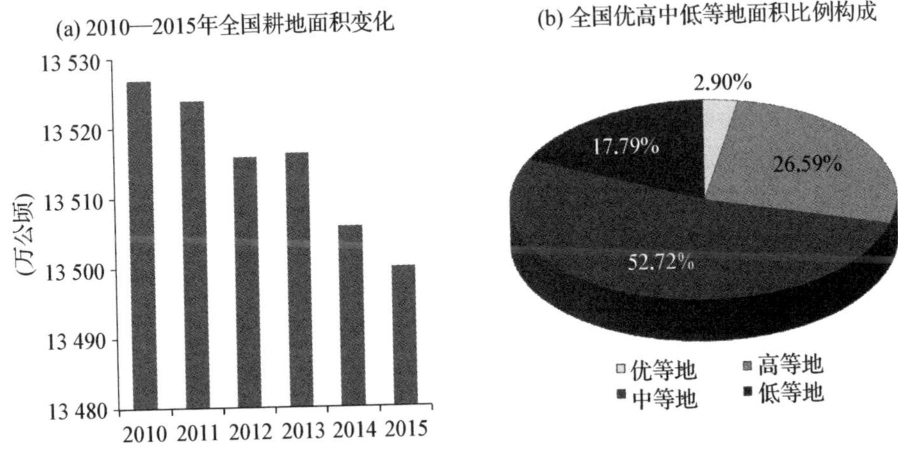

图 1-2 2010—2015 年中国耕地面积变化以及不同质量等级耕地面积比例

2. 优化国土空间开发格局是生态文明建设的必然要求

国土空间作为经济社会发展的空间载体，其空间格局将直接决定开发建设的资源环境要素组合效率。从本质上讲，优化国土空间开发格局，就是根据自然生态属性、资源环境承载能力、现有开发密度和发展潜力，统筹考虑未来我国人口分布、经济布局、国土利用和城镇化格局，按区域分工和协调发展的原则划定具有某种特定主体功能定位的空间单元，按照空间单元的主体功能定位调整完善区域政策和绩效评价，规范空间开发秩序，形成科学合理的空间开发结构。党的十八大报告对优化国土空间开发格局的发展理念进行了深化和细化，以“人口资源环境相均衡、经济社会生态效益相统一”为原则，以“控制开发强度、调整空间结构”为手段，以“促进生产空间集约高效、生活空间宜居适度、生态空间山清水秀，给自然留下更多修复空间，给农业留下更多良田，给子孙后代留下天蓝、地绿、水净的美好家园”为目标。显然，优化国土空间开发格局是统筹城乡发展、统筹区域发展、统筹人与自然和谐发展的需要，是人口、经济、资源、环境均衡发展的需要，是加快转变经济发展方式的需要。

党的十八大首次把生态文明建设提到中国特色社会主义建设“五位一体”总体布局的战略高度；党的十九大将“坚持人与自然和谐共生”纳入新时代发展中国特色社会主义的总体方略，将“绿水青山就是金山银山”写入党章；第十三届全国人民代表大会将建设“美丽中国”和生态文明写入宪法，生态文明建设被提高到空前的历史高度和战略地位。2015 年，中共中央、国务院印发的《生态文明体制改革总体方案》明确提出，要构建以空间规划为基础、以用途管制为主要手段的国土空间开发保护制度，着力解决因无序开发、过度开发、分散开发导致的优质耕地和生态空间占用过多、生态破坏、环境污染等问题。2017 年 1 月相继出台的《省级空间规划试点方案》和《全国国土规划纲要(2016—2030)》明确要求以主体功能区规划为基础，坚持国土开发与资源环境承载能力相匹配、人口资源环境相均衡，划定城镇、农业、生态三类空间开发管制界限。一系列政策文件的出台为国土空间开发利用提供了重要的战略性指导，标志着国土空间开发利用将以实现城镇、农业、生态空间协调发展为目标，优化国土空间开发利用格局成为推进生态文明建设的必然要求。

3. 土地利用功能研究已经成为国际可持续研究的前沿领域

从土地利用/覆被变化(Land-Use and Land-Cover Change, LUCC)研究到全球土地计划(Global Land Project, GLP)，再到近年来兴起的土地变化科学(Land Change Science, LCS)，土地变化研究已经成为全球环境变化及可持续性研究的重要组成部分(Turner et al., 2007; 宋小青, 2017)。生态系统服务(Costanza et al., 1997; de Groot et al., 2002)概念的出现，促使人们开始认知土地利用变化对区域可持续性的多维度影响，并将其作为方法论应用于千年生态系统评估[Millennium Ecosystem Assessment (MEA), 2005]。但是，生态系统服务实质上更加侧重于可持续发展的环境维度。因此，为了平衡可持续发展的经济、社会和环境三大维度，土地利用功能(Land Use Functions, LUFs)这一概念应运而生(Wiggering et al., 2006; Pérez-Soba et al., 2008; Verburg et al., 2009)。土地利用功能由土地利用系统各要素或者土地利用子系统的结构所决定(MEA, 2005)，诠释了土地利用系统提供给人类福利的能力(Wiggering et al., 2006; Verburg et al., 2009; Fan et al., 2018; 范业婷等, 2019)。土地利用功能涉及区域中最密切相关的经济、社会和环境三个层面，对理解土地多种用途之间相互作用的复杂性、时空变化以及土地可持续发展具有重要意义(Wiggering et al., 2003; de Groot et al., 2006),已经得到国内外学术界的广泛认可,并成为国际可持续研究的前沿领域。

土地利用既涉及生态系统,也涵盖社会经济系统,其提供产品和服务的能力受到人类决策的干预、支配,主要表现为土地利用功能的强弱。随着人口增长和人类需求的提高,生态环境退化以及土地资源稀缺性等问题日益凸显,人地关系不断趋紧,区域可持续发展受到限制,土地利用功能及其调控策略研究也为实现土地资源高效利用、缓解土地供需矛盾和促进可持续发展提供了新的途径与方法(de Groot et al., 2002)。但是,受人类认知水平及行为方式的影响,不同土地利用功能之间可能会存在明显的冲突,从而形成土地利用功能权衡。其中,生态系统服务权衡已经引起国内外学界与决策层的高度关注,成为生态系统服务研究的热点之一(Raudsepp-Hearne et al., 2010; Qiu & Tuener, 2013; Yang et al., 2015; Lin et al., 2018)。在科学评估土地利用功能基础上,辨识不同土地利用功能之间的相互作用关系及其时空格局、影响机制,有利于辅助决策者在区域可持续发展框架下作出科学决策,继而制定合理的区域发展规划,推动多种土地利用功能协调发展,实现人类惠益最大化。

1.1.2 研究意义

作为将自然过程与人类活动联系起来的桥梁和纽带,土地利用功能诠释了土地系统提供给人类福祉的能力,涉及可持续发展的经济、社会、环境三个维度(Pérez-Soba et al., 2008; Verburg et al., 2009)。土地利用功能具有多样性、复杂化的特征,受人类认知水平及行为方式的影响,不同土地利用功能之间往往会存在明显的冲突,从而形成土地利用功能权衡。科学认知不同类型土地利用功能之间的这种权衡关系及其时空格局、形成机制,有效调控和管理多种土地利用功能,对于实现区域可持续发展目标具有重要的理论和现实意义。具体表现在以下方面。

1. 有助于从理论和方法视角强化对土地变化科学研究领域的认知

近年来兴起的土地变化科学更加侧重于土地系统变化的原因、后果及其对全球环境变化和可持续发展的影响(GLP，2005；Turner et al.，2007；Verburg et al.，2009)，注重融合人类、资源、环境以及地理信息—遥感科学等跨学科领域的理论、技术与方法。遥感和土地清查技术的利用使得土地科学家能够对当前的土地资源进行评估，监测和探索土地覆被的变化过程及变化热点(GLP，2005；Reenberg，2006)。土地利用功能有助于人们认知土地利用及其变化对区域可持续发展经济、社会、环境等的多维度影响是土地变化科学研究的重要内容。但是，土地利用功能作为一种土地利用隐性形态，其变化的监测和分析难以单纯通过土地覆被观测获取，往往需要融合社会经济、生态环境等信息进行综合评估。此外，为了全面考虑不同群体的福祉需求，人们往往需要权衡多种土地利用功能之间的关系，探究土地利用功能权衡的空间化和动态化发展方向，以实现整体惠益的最大化。因此，融合土地覆被、社会经济、生态环境、遥感信息等多种要素，结合人文地理学、景观生态学以及地理信息系统等理论和方法，科学评估不同类型土地利用功能，辨识不同类型土地利用功能之间的权衡关系及其特征与机制，有助于强化对土地变化科学研究领域的认知，具有重要科学意义。

2. 有助于从规划和管理层面为区域国土空间优化决策提供支撑

江苏省是我国城镇化水平最高的地区之一，经济综合实力和要素集聚能力位于全国前列。但是粗放的国土空间开发利用方式与有限的资源环境承载能力之间的矛盾不断加剧，区域国土空间可持续发展面临严峻挑战。持续发展问题归根结底是受到不同土地利用方式的直接或者间接影响，进而导致土地系统提供人类产品和服务的能力发生变化，最终形成土地利用冲突。此外，江苏省不同区域自然资源禀赋、经济发展水平差异较为显著，土地利用冲突及其成因具有多样性。随着日益增强的人类活动对国土空间负面影响的逐渐扩大，识别江苏省复杂多样的土地利用功能之间的权衡关系，突出土地利用功能及其权衡的地域分异性，因地制宜地开展国土空间开发利用与管理，是促进区域可持续发展的重要途径，也是区域国土空间优化决策的有力支撑。鉴于此，本研究选取江苏省作为研究区，在省域尺度上探究土地利用功能权衡的时空格局特征与驱动机制，寻求差别化的土地利用功能分区调控路径，有助于为区域国土空间分类规划与管理决策提供参考依据，对于区域国土空间发展格局优化、质量提升具有重要借鉴意义。

1.2 国内外研究进展

1.2.1 土地利用功能识别与分类

土地利用功能研究最早起源于农业多功能研究，并在生态系统服务及景观功能研究的基础上得到进一步发展。土地利用功能涉及生态、农业、社会经济系统等多方面内容，识别土地利用功能的多样性特征、对土地利用功能进行分类是土地利用功能评价及其权衡研究的前提和基础。不同国家土地利用政策和目标各不相同，土地利用功能指向的具体内容也存在差异，并且，研究目的和侧重点的不同也使得不同学者对土地利用功能的理解存在差异，分类体系亦不相同。

1. 农业功能识别与分类

20 世纪 80 年代末，日本的"稻米文化"中首先出现了多功能性(Multifunctionality)的概念(Matsuno et al., 2006)，随后于 1992 年召开的联合国环境与发展大会进一步强调多功能农业(Multifunctional Agriculture, MFA)概念在关于农业和农村发展的未来科学、政策辩论中发挥越来越重要的作用，并将这一概念推向全球(Rossing et al., 2007)。2001 年，经济合作与发展组织将农业多功能性解释为"除了食物和纤维供给功能外，农业还能改变大地风景，具有环境保护、景观保持、提供乡村就业、保证食物安全等功能，同时还有利于农村地区的社会经济发展"(OECD, 2001)。此后，Gómez-Sal 等(2003)考虑农业可持续性，根据不同的目标将农业功能分为生态功能、生产功能、经济功能、文化功能、社会功能五项功能。Rossing 等(2007)结合法国、德国、荷兰等国家关于多功能农业的相关政策及其相似性，将农业功能划分为生态功能、经济功能和社会功能。Andersen 等(2013)基于不同农业活动的主要特点，并结合在欧洲农业发展中各项农业功能的重要性，将农业功能具体划分为四项功能，即生产功能、居住功能、栖息功能和娱乐功能。Peng 等(2017)将农业功能划分为粮食供给、生境维持、景观连通、土壤保持、景观美学和人口承载等功能，并认为农业多功能化已经成为现代农业发展的关键要素。一些学者还特别关注城郊农业的多功能性，认为城郊农业比其他地区的农业具有显著的多样化特性，强调发挥城郊农业多功能有利于农业可持续性发展及农业地位的提升，并将城郊农业功能划分为农业生产、气候调节、节能减排、城市绿化、生计维持、就业保障、休闲娱乐以及教育功能等(Lovell, 2010; Zasada, 2011; Peng et al., 2015)。

近年来，一些学者侧重于研究耕地多功能，从社会发展需求出发，探索耕地功能分类体系。姜广辉等(2011)认为耕地功能可分为基本功能和衍生功能，其中基本功能包括生产功能、生态功能和景观功能，衍生功能包括食物安全保障、农民社会保障、空间阻隔、调节气候、文化传承、休闲观光等功能，并指出耕地的衍生功能依托于其基本功能而产生。Song 等(2015)结合 1949—2011 年国家政策变化，推演出耕地功能的分类体系，认为 2004 年后耕地利用与经济社会发展结合更加紧密，耕地功能呈现高端化发展态势，主要包括粮食安全保障功能、社会安定维护功能、基本生活保障功能、就业保障功能、国民经济贡献功能、家庭经济贡献功能、生态维护功能等七种类型。一些学者还以具体案例地为研究对象，结合研究区区域发展特征，构建耕地功能分类体系(杨雪等，2014；辛芸娜等，2017；范业婷等，2018)。杨雪等(2014)考虑到 2004—2011 年北京市郊区农业观光园个数平均每年增加 122 个，每个农业观光园平均接待人次增加 50%，认为北京市耕地具有明显的文化休闲功能，此外，还包括作物生产功能、生态环境功能、社会保障功能。

2. 生态系统服务识别与分类

生态系统服务(Ecosystem Services)是指人类从生态系统中直接或者间接获得的各种福利(Daily, 1997; Costanza et al., 1997; de Groot et al., 2002; MEA, 2005)。20 世纪 90 年代末，以全球自然资本评估为代表的一系列研究加速了全球范围内生态系统服务研究的热潮(Luo et al., 2009)。

2001—2005 年开展的千年生态系统评估计划更是将这一浪潮推到顶点，全世界越来越多的国家和研究机构更加关注生态系统服务（MEA，2005）。

生态系统提供了众多支持人类生存和发展的产品和服务（de Groot et al.，2002；Ouyang et al.，2016）。千年生态系统评估将生态系统服务划分为供给服务（如食物供给）、调节服务（如土地退化、干旱、洪水的调节）、支持服务（如土壤保持、养分维持）以及文化服务（如休闲娱乐）四种类型（MEA，2005）。de Groot 认为生态系统功能是生态过程和生态系统结构的子集，将生态系统功能划分为调节功能、栖息功能、生产功能和信息功能四大类，并进一步细分为 28 个二级类（de Groot et al.，2002）。Fisher 等（2009）认为对生态系统服务进行分类的任何尝试都应该基于区域生态系统的特征以及生态系统服务概念正在被使用的决策背景。

此后，很多学者开始选取具有开展生态系统服务研究背景的区域作为研究案例区，在已有研究成果的基础上，考虑特定研究区生态系统特征，划分生态系统服务类型。总体而言，这些研究主要将生态系统服务划分为供给服务、调节服务和文化服务三大类型，然后结合区域特征划分不同的二级分类（Raudsepp-Hearne et al.，2010；Queiroz et al.，2015；Nahuelhual et al.，2017；Peng et al.，2018）。另有一些学者认为当前关于生态系统服务的分类主要偏向于生态系统服务供给层面，对生态系统服务需求的研究相对较少，因此开始探索从需求层面对生态系统服务进行分类（Kroll et al.，2012；Burkhard et al.，2012；Wolff et al.，2015；Baró et al.，2017）。Baró 等（2017）首先将生态系统服务分为食物供给、气候调节、空气净化、侵蚀控制、户外娱乐五种类型，然后分别从供给和需求层面划分不同的二级分类，其中供给层面包括粮食生产、畜牧生产、碳存储、NO_2 干沉降、侵蚀控制能力、娱乐潜力等，类型需求层面包括人口密度、碳排放量、NO_2 浓度、土壤流失程度、娱乐需求等。

谢高地等（2008）根据 Costanza 等（1997）对生态系统服务的分类，结合中国民众和决策者对生态系统服务的理解状况，将生态系统服务划分为食物生产、原材料生产、景观愉悦、气体调节、气候调节、水源涵养、土壤形成与保持、废物处理、生物多样性维持共九种类型。此后，许多中国学者开始进行生态系统服务研究，但主要还是沿用谢高地划分的生态系统服务类型(Liu et al., 2012；夏涛等，2014；Song & Deng，2017)。

一些中国学者还以生态特征显著的区域作为研究区开展相关研究，如生态环境较为脆弱的黄土高原地区、生态环境破坏较为严重的京津冀地区，通过识别研究区生态系统主要特征划分生态系统服务类型。Yang 等(2015)考虑到京津冀地区经济社会快速发展的现状，认为除了自然生态系统外，人工生态系统所提供的产品和服务也应纳入生态系统服务范畴，为此，在将生态系统服务划分为供给服务、调节服务、文化服务的基础上，也将产业发展纳入供给服务体系，将旅游和教育纳入文化服务体系。Feng 等(2017)考虑到黄土高原地区存在的半干旱自然条件以及水土流失较为严重的关键生态问题，将生态系统服务划分为土壤侵蚀控制、碳存储、土壤湿度保持三种类型。

3. 景观功能识别与分类

景观功能的概念起源于景观生态学和空间规划，被用来描述景观提供与人类福祉相关的产品和服务的能力(Kienast et al., 2009；Willemen et al., 2010)。景观是生态系统和土地利用交互作用的产物。景观功能的多样性是自然景观与人类社会之间相互联系的重要基础，多功能景观已成为景观功能研究的重要发展方向和景观生态学新的学科生长点(傅伯杰等，2008)。基于空间制图的景观功能识别已经成为近年来景观功能研究的热点内容之一，国内外学者也对此展开了一系列研究(彭建等，2015)。Brandt(2003)基于抽象的空间观点，认为景观同时具有生态功能、有关土地利用的功能和社会功能等。Willemen 等(2008)根据空间信息的可得性和研究区域空间规划重点，将景观功能细分为居住、畜牧生产、文化遗产、饮用水、旅游、物种栖息、粮食生产、休闲骑行等八项功能。Kienast 等(2009)基于现有研究成果将景观功能划分为生产功能、调节功能、栖息地功能和信息功能等四种类型。Gulickx 等(2013)以荷兰为研究区，基于野外调查得到土地覆被信息，识别出多功能乡村景观的湿地栖息地、森林游憩、养殖和娱乐休闲四种景观功能。Gimona & Van der Horst(2007)通过研究认为，苏格兰东北部农业景观具有生物多样性、视觉享受以及休闲游憩三种景观功能。Hermann 等(2014)认为相比“生态系统”,景观对于非生态科学学科更具吸引力,与人类生存的环境更加密切相关,并将景观功能分为调节功能、栖息功能、供给功能以及承载功能。Peng 等(2016)结合京津冀地区不同景观利用与管理中存在的具体问题,认为景观功能应包括土壤保持、碳汇存储、水源涵养、粮食生产和居住承载等功能。

4. 土地利用功能识别与分类

生态系统、农业和景观等领域占据多功能性研究的主导地位,不同学者对功能分类的认识略有不同,研究或者侧重于社会、经济、生态的某一方面,或者在功能分类的具体性、深入性上有所差异。但是,随着研究的不断深入,学者逐渐认识到农业并不是具有多功能特性的唯一部门,生态系统服务及景观功能实质上侧重于可持续发展的环境维度,因此,学者们开始探索研究涉及经济、社会、环境三大维度的土地利用功能。研究主要是通过选取一系列可持续性影响指标,对土地利用功能进行降维处理,进行土地利用功能识别与分类,主要是将土地利用功能归结为三项基本功能:经济功能、环境(生态)功能和社会功能(Helming et al., 2008; Xie et al., 2010; 甄霖等, 2010; 王枫、董玉祥, 2015a; 杜国明等, 2016; 刘超等, 2016)。其中最具影响力的是,Helming 等(2008)和 Pérez-Soba 等(2008)根据欧盟 SENSOR 计划研究成果,结合不同的产业分工,将土地利用功能划分为社会功能、经济功能和环境功能,并进一步细分为九项子功能。

随着中国主体功能区规划、国土空间规划等国家战略性规划的出台,以城镇、农业、生态空间为基础的国土空间用途管制制度法律地位更加突出。中国学者开始探索以土地利用方式为基础的土地利用功能分类体系。这些学者认为,在土地利用系统内部,土地利用功能与土地利用结构存在映射关系,按照不同的土地利用结构类型可将土地利用功能划分为生产功能、生活(社会)功能和生态功能(吕立刚等,2013; 梁小英等,2014; Zhou et al., 2017)。Zhou 等(2017)认为土地利用系统包含经济、社会、生态二级系统,总体表现出生产、生活、生态功能,其中生产功能是基础,生态功能是保障、生活功能是最终目标。然而，Verburg 等(2009)则认为土地利用功能不仅与土地利用结构相关，也与土地利用空间配置和时间强度有关，土地利用功能既包括有意识的土地利用提供的产品和服务(如粮食生产、木材生产等)，也包括无意识的土地利用提供的产品和服务(如文化遗产、生物多样性等)。

综上所述，学者们已经从不同视角构建了具有差异性的土地利用功能分类体系，不同分类体系通常针对特定研究目的和研究尺度，尚未形成一个具有科学性的统一标准。实际上，土地利用功能复杂多样，也很难建立一个“万能”的标准分类体系，因此在今后研究中构建土地利用功能分类体系时应综合考虑研究的特定需求和分类体系的普适性。

1.2.2 土地利用功能评价

1. 评价框架

土地利用功能概念框架由 SENSOR 项目中的跨学科团队提出，其目的在于明确欧盟土地利用多功能及其之间的相互关系，探讨政策选择对欧洲不同地区土地利用可持续性的影响(Pérez-Soba et al., 2008)。这一框架将区域层面上经济、社会和环境等关键指标及其变化融入九项土地利用功能，以此综合评估区域可持续性影响，极大地推动了土地利用功能评价方法体系的应用与发展。此后，学者们在这一框架基础上进行了延伸和拓展。Paracchini 等(2011)提出了一个可操作的多尺度研究框架，基于线性加和模型，综合评估土地利用功能中已选的一系列指标，并结合土地利用系统的多样化需求，评估政策选择对土地利用可持续性的影响。Callo-Concha & Denich(2014)将多准则和多变量分析用于评估土地利用系统的多功能性，并将该参与式框架应用于热带农林复合生态系统生物多样性的案例中，识别影响可持续生产的管理决定，然后通过利益相关者的参与提高决策的合理性。

由于不同国家的制度环境、现实问题有所差异，近年来，一些中国学者开始结合国家或地区的实际情况开展土地利用功能评价。李广东和方创琳(2016)构建城市生态—生产—生活空间功能分类体系，以生态系统服务价值评估为基础，系统整合空间功能价值量核算函数群，通过纵横对比的方法确定空间功能主导类型。Peng 等(2016)以京津冀地区为例,通过构建景观功能评价体系,综合评估区域景观功能及相互关系,并分析各项功能的冷热点区域,识别区域的多功能景观。杜国明等(2016)通过构建"社会—经济—生态"三维土地利用多功能性评价指标体系,对 1990—2013 年东北地区土地利用多功能性进行综合评价,旨在阐释其土地利用多功能性演化的时空格局。Zhou 等(2017)综合评估 2004—2013 年杭州湾土地利用多功能性及其变化特征,采用耦合协调度模型分析各项功能之间的冲突关系,揭示不同土地利用功能的重要性。

一些学者还以某一特定地类(如耕地、农村居民点等)为研究对象,综合评估其多功能特性,探讨土地利用复合价值提升的可能性。Andersen 等(2013)以农场为研究对象,通过访谈调查获取关于农场的基本信息(包括农场规模、农场活动等),借此选取四项功能指标综合评估农业多功能性,认为 50～100 公顷的农场具有最高的多功能性。Song 等(2015)通过梳理 1949—2012 年以来中国政策发展,分析耕地功能的变化特征,明确这一时期耕地的主要功能,通过定量评估分析耕地功能的变化规律,认为现阶段中国应尝试耕地多功能管理建议。Jiang 等(2016)通过对比处于不同经济发展阶段的中国四个县级行政区农村居民点用地功能,分析不同工业化阶段农村居民点用地的功能演变,认为随着经济水平的提升,农村居民点用地居住功能日益凸显,生产功能逐渐削弱。

2. 评价方法

指标的选择是土地利用功能评价的基础。总体来看,土地利用功能评价指标的选取一般包括文献资料梳理、专家评判或者两者相结合等,主要涉及经济(生产)、社会(生活)、(生态)环境三个方面(Pérez-Soba et al., 2008; 王枫、董玉祥, 2015a, 2015b; Guo et al., 2015; 杜国明等, 2016; 孙丕苓等, 2017; Zhou et al., 2017)。

确定各指标因子对相应土地利用功能的重要性,即权重,也是土地利用功能评价的重要环节。目前确定权重的主要方法包括主观赋权法、客观赋权法以及两者结合赋权法。Pérez-Soba、甄霖、王枫等进行土地利用功能评价时采用的专家评分、AHP 法即是主观赋权法，这一方法实用性较强，但是受人为影响较大。客观赋权法则受数据本身取值影响较大，主要包括熵权法(Zhou et al.，2017)、均方差决策法(孙丕苓等，2017)等。因主观赋权法和客观赋权法各有利弊，因此也有学者采用主观与客观或者定性与定量相结合的方法进行土地利用功能评价，认为这种方法更为科学。例如，杜国明等(2016)综合应用德尔菲法确定目标层和因素层权重、熵权法确定土地利用功能指标权重。

从已有研究来看，综合指数法是土地利用功能评价最常采用的方法，其运算相对简便，是通过加权各项土地利用子功能综合得到土地利用功能值(Pérez-Soba et al.，2008；甄霖等，2010；王枫、董玉祥，2015a；杜国明等，2016)。随着对土地利用功能研究的不断深入，国内学者也开始尝试应用不同的方法综合评估土地利用多功能性，主要包括价值评估法(李广东、方创琳，2016)、模糊综合评价法(Jiang et al.，2016)、改进突变级数法(王枫、董玉祥，2015a)、灰色关联投影法(王枫、董玉祥，2015b)、全排列多边形综合图示法(张路路等，2016)等。土地利用功能评价完成后，学者们通常会采用空间分析技术或数学模型将评价结果可视化。Peng 等(2016)采用 GIS 空间分析方法将各项景观功能及其冷热点区域进行可视化表达，在栅格尺度下综合测度景观多功能性及其空间分布。Zhou 等(2017)运用三角模型可视化多时序各项土地利用功能，据此判别土地利用功能的变化方向和变化规律。此外，雷达图也是可视化土地利用功能值的常用方法(甄霖等，2010)。

生态系统服务作为土地利用功能研究的基础和重要内容，因研究历史相对较长，已经基本形成了较为系统的评价方法体系。目前，用于评估生态系统服务的模型主要包括 InVEST、SolVES 等(彭建等，2017)。其中，InVEST 模型由一系列模块和算法组成，可用于模拟土地利用/覆被变化情景下多种生态系统服务的状态及其变化，因其操作界面简便，已经被广泛应用于生态系统服务评估研究中(Leh et al.，2013；Hamel et al.，2015；Posner et al.，2016)。RUSLE、SWAT 等水文模型也常用于生态系统服务评估中(Leh et al.，2013；Francesconi et al.，2016)。这些模型可以定量评估的指标主要涉及供给服务、调节服务和支持服务，但难以定量表征文化服务这一无形类指标。因此，一些学者专门针对文化服务开展相关研究（Paracchini et al.，2014；Ala-Hulkko et al.，2016）。Paracchini 等（2014）根据人类对自然景观的影响、景观通达度以及水域引力衰减规律综合测度游憩潜力指数，为量化文化服务提供了一种新的方法借鉴。

3. 影响因素

土地利用功能的多样性是历史发展过程中自然条件和人为条件在国土空间上共同作用的结果，已有研究表明土地利用功能受区域自然资源禀赋、社会经济条件及政策因素的共同影响（Xie et al.，2010；甄霖等，2010；王枫、董玉祥，2015a；杜国明等，2016）。Peng 等（2016）认为影响多功能景观的地理因素并非单独存在，而是相互作用，影响多功能景观的空间分布，认为多功能景观主要分布在高植被覆盖、低城镇化并且与河流和公路有一定距离的区域。孙丕苓等（2017）通过研究发现土地利用多功能性空间分异特征与自然环境条件、地理区位条件、自然资源禀赋、社会经济因素、区域政策因素等方面均具有显著关系。

许多学者通过研究还发现土地利用功能与土地利用类型密切相关，并且沿着城乡梯度具有显著的空间差异。Raudsepp-Hearne 等（2010）以蒙特利尔都市区为例，分析 12 种生态系统服务的空间分布规律，认为社会—生态梯度能够很好地解释生态系统服务空间变异特征，其中土地利用类型的解释力度最高（34%）。Kroll 等（2012）基于城乡梯度分析能源、水资源、食物三种生态系统服务供给和需求的空间特征，研究发现城市中心的能源需求最为旺盛，能源供给相反；距城市中心 5～7 km 和 12～14 km 的地区水资源需求最高，单位面积水资源供给从距城市中心 5～10 km 处逐渐增加；食物需求在城市中心达到最高，供给高值区位于乡村地区。Larondelle 和 Haase（2013）通过研究表明蒸散量、碳存储和树木降温潜力等气候调节指标在城市中心达到最低，在距城市中心 13 km 范围内逐渐增高。Baró 等（2017）研究揭示碳存储、土壤控制能力、游憩潜力等生态系统服务供给一般在距城市中心 5～6 km 处显著提升，在距城市中心 10～11 km 处开始下降并持续 3～4 km。

1.2.3 土地利用功能权衡研究

土地利用功能类型多样、空间分布不均衡并且受人类决策支配，长此以往，土地利用功能之间的关系出现了动态变化，主要表现为此消彼长的权衡关系、相互增益的协同关系等（李双成等，2013）。其中，权衡（trade-offs）是指某些类型土地利用功能的增强会引起其他类型土地利用功能的减弱；协同（synergies）是指两种及两种以上的土地利用功能同时增强或者减弱的状况（Rodríguez et al.，2006）。目前权衡研究已经成为国际上生态系统服务领域的热点之一，但是关于土地利用功能权衡的研究仍较少。众多国内外学者对生态系统服务权衡关系辨识、表现形式、尺度特征、驱动机制等内容进行了科学探究，形成了诸多研究成果，主要表现为以下几个方面。

1. 表现形式

不同的研究视角和研究目标下，生态系统服务权衡关系的分类有所差异。根据生态系统服务权衡的时空特征及可逆性，可将其划分为时间权衡、空间权衡和可逆权衡三种类型（Rodríguez et al.，2006）。时间权衡是指某一时点（段）生态系统服务对另一时点（段）生态系统服务的影响；空间权衡是指不同区域生态系统服务之间的关系；可逆权衡是指生态系统服务的可恢复性及其恢复程度。

根据二维坐标系中两种生态系统服务变化的曲线特征，权衡关系可进一步划分为无相互关联、直接权衡、凸权衡、凹权衡、非单调凹权衡以及反“S”形权衡等六种类型（Lester et al.，2013）。这种分类方式具有较强的直观性，能够定量表征生态系统服务之间的抽象关系，研究者可结合曲线特征判别不同生态系统服务的变化，从而为生态系统服务管理决策提供有力支撑。但是，以二维曲线简化生态系统服务之间的非线性权衡关系也增加了研究结果的不确定性。

此外，生态系统服务权衡关系还包括同一种生态系统服务间的权衡以及不同种类生态系统服务之间的权衡。研究普遍表明，供给服务与调节服务、文化服务之间存在明显的权衡关系，而调节服务之间或者文化服务之间则普遍存在协同关系(Raudsepp-Hearne et al., 2010; Yang et al., 2015; Queiroz et al., 2015; Baró et al., 2017)。

2. 研究方法

目前常用的生态系统服务权衡研究方法主要包括统计分析、空间分析、情景模拟等。其中,统计分析通常与空间分析结合,综合分析生态系统服务权衡关系。

(1) 统计分析

统计分析是采用统计学方法分析多种生态系统服务之间的关系,以数值的结果予以表达,其中最典型的即为相关性分析。相关性分析是通过定量测算两种生态系统服务间相关系数,根据其绝对值大小及正负方向,来判断生态系统服务之间是否存在依存关系及其相关性的程度和方向。Raudsepp-Hearne 等(2010)采用 Pearson 系数分析 12 种生态系统服务之间的权衡关系,结果表明在 66 种生态系统服务组合中,共有 34 组显著相关,其中供给服务与调节服务、文化服务之间存在权衡关系。Bradford 等(2012)采用标准差测算不同土地管理目标之间的权衡关系,据此分析美国明尼苏达北部两个长期森林管理案例的目标权衡,判别碳循环和生态复杂性目标之间的实质性权衡。Li 和 Wang(2018)采用正交多项式的最小二乘拟合来分析五种生态系统服务之间的关系,结果表明粮食生产与防风固沙呈负相关,防风固沙与保水性呈正相关。

(2) 空间分析

空间分析是采用 GIS 工具对单一生态系统服务进行空间叠加、对比分析和图形制作等,识别生态系统服务权衡的类型和区域特征(Haase et al., 2012)。空间分析是揭示生态系统服务权衡时空特征的重要途径,以空间制图的方式表达生态系统服务权衡的结果,能够更有力地揭示生态系统服务的空间分异特征。Raudsepp-Hearne 等(2010)通过对十二种不同类型的生态系统服务进行聚类分析,形成六类生态系统服务簇,据此识别不同区域不同种类生态系统服务的平均水平,从而明确多种生态系统服务之间的权衡关系。此后许多学者进一步采用主成分分析、空间自相关、聚类分析等多种方法在空间上划分不同的生态系统服务簇，分析多种生态系统服务之间的关联性（Qiu & Tuener, 2013; Leh et al., 2013; Baró et al., 2017; Mouchet et al., 2017）。一些学者还在此基础上拓展了新的空间分析方法。Haase 等（2012）根据对比不同生态系统服务随时间的变化方向，将其权衡划分为六种类型，即协同、提升—无变化、降低—无变化、权衡、损失、无变化。Li 等（2017）基于栅格尺度，将相关性分析方法与空间叠置方法相结合，综合分析土壤保持、净初级生产力和水产量之间的权衡关系及其程度。

(3) 情景模拟

情景模拟是通过制定若干气候变化、生态保护或社会经济发展优先或兼顾的情景，用以分析生态系统服务之间作用关系的动态变化（李双成等，2013）。该方法有利于揭示土地利用/覆被变化、政策管理和森林经营管理变化等对未来生态系统服务及其作用关系和总体效益的影响，可用于指导生态系统服务管理决策（戴尔阜等，2016）。Alcamo 等（2005）通过设定四种不同情景对生态系统服务进行模拟分析，认为 2000—2050 年间，农业用地扩张将是现有草地、林地及相应的基因资源、林木生产、栖息地等生态系统服务减少的主要原因。Meehan 等（2013）针对美国中西部多年生牧草种植、玉米种植两种管理情景，采用 InVEST 模型分析了七种生态系统服务的价值和总体效益，结果表明种植多年生牧草使粮食生产、牧草生产等供给服务减少 75%，但是能量产出、水资源供给、氮磷污染净化、水质净化和授粉等生态系统服务均有不同程度的提高。

3. 尺度效应

生态系统服务之间的权衡随着时空尺度的推移而发生改变，权衡的尺度依赖于生态系统服务作用过程中的尺度。粮食生产、畜牧产品生产等供给服务以及土壤侵蚀控制等部分调节服务主要是在局地尺度发挥作用，气候调节、水源涵养等调节与支持服务则适用于大范围的地球系统。此外，不同空间尺度的生态系统服务受关注的利益群体也各有不同，局地尺度的服务更受普通居民的关注，大范围尺度的服务更受区域、国家乃至全球的决策者关注（彭建等，2017）。生态系统服务的差异在时间尺度上也有所体现，如病虫害控制、旱涝治理等在短期内即会产生显著成效，而水源涵养则需在长时间内才能发挥效用（彭建等，2017）。不同利益相关者对于生态系统服务需求的短期与长期利益差异也会形成权衡作用（Rodríguez et al.，2006）。

生态系统服务的尺度效应使得生态系统服务权衡在不同时空尺度上的表现具有差异性，即使同一组合生态系统服务在不同区域、不同研究尺度上的权衡关系也会存在很大差异。例如，已有研究表明固碳释氧和水源涵养之间的关系具有明显的尺度效应，在中小尺度上，两者之间既可能存在权衡关系，也可能存在协同关系；而在大尺度上，通常只表现出协同关系（Bai et al.，2011；Su & Fu，2013；Jopke et al.，2015；孙泽祥等，2016）。此外，即使空间尺度一致，生态系统服务在不同时间尺度上表现出的权衡关系也存在不一致。McNally 等（2011）以坦桑尼亚 Saadani 国家公园为例，综合遥感数据和农户调查数据，分析了砍伐红树林（作薪柴用）和捕获鱼虾两种生计方式的短期与长期得失，经研究发现，保护红树林而增加鱼虾收获可以获得长期的可持续性收益，5 km 半径范围内的红树林覆盖度增加 10%，鱼虾收入可以增加 2 倍。

4. 驱动机制

土地利用功能的多样性是历史发展过程中自然因素和人为因素在人地关系地域系统上共同作用的结果，已有研究表明土地利用功能受自然因素和人为因素两个方面的作用。其中，由自然因素引起的不同生态系统服务之间的此消彼长，是一种竞争而非权衡关系；人类社会根据自身需求和价值伦理对生态系统进行干预，引起生态系统服务之间的动态变化，其驱动力通常包括市场化的激励措施、政策和利益相关方的偏好等（Li & Wang，2018）。此外，生态系统服务权衡也受土地利用、气候变化、植被覆盖变化等要素的影响。

国内外许多学者从不同的研究视角分析了生态系统服务权衡的驱动机制。Li 等（2017）分析了不同土地利用类型净初级生产力、土壤保持和产水量三种生态系统服务权衡的差异，结果表明净初级生产力与产水量协同关系表现显著的是草地和裸地，土壤保持与产水量权衡关系表现显著的是耕地和裸地，草地表现出显著的土壤保持与净初级生产力权衡关系，建设用地和裸地表现出显著的土壤保持与净初级生产力协同关系。Mouchet 等(2017)采用自组织映射算法分析了地形、气温、降水等自然因素，经济密度、人口密度等社会因素以及土地利用类型、利用强度等对生态系统服务权衡的影响，认为气候条件和土地利用强度是影响生态系统服务权衡的主要驱动因素。McNally 等(2011)通过抽样调查分析管理决策和人类选择偏好对红树林保护及捕获鱼虾两种生态系统服务权衡关系的影响。

1.2.4 土地利用功能分区与优化调控研究

1. 土地利用功能分区

生态系统服务簇的概念在以往研究中常被用于分析不同类型生态系统服务之间的交互作用，许多学者认为生态系统服务簇分析方法是促进多功能景观管理和确定生态系统服务权衡作用的有用工具(Raudsepp-Hearne et al., 2010; Queiroz et al., 2015; Yang et al., 2015; Baró et al., 2017)。Raudsepp-Hearne 等(2010)已经率先以生态系统服务为对象，基于不同行政区尺度，采用空间聚类方法(如 k -means 等)将研究区划分为不同类型的生态系统服务簇，以此监测特定时点研究区生态系统服务权衡，进而提出相应的生态系统规划与管理措施、途径，相关研究引发了国内外学者对生态系统服务指标和分区方法的讨论，为生态系统管理决策提供可选方案。Queiroz 等(2015)研究发现五种不同类型的生态系统服务簇在空间上聚集在瑞典诺尔斯特罗姆流域，认为这可以用区域社会—生态梯度来解释，以人为主导的景观具有高度的多功能性，城市人口密集区是文化服务的热点。Yang 等(2015)采用主成分分析法识别出长三角城市群生态系统服务簇，共包括四种类型，分别为平原城市簇、山区城市簇、海岛城市簇、巨型城市簇。

20 世纪中期，国内以黄秉维先生为代表的地理学家开创性地开展了中国综合自然区划研究，对于认识自然综合体的发展和分布规律意义重大。20 世纪 90 年代起，国内一些学者开始注重将分区目标向可持续发展方向转移，相继开展了土地利用功能分区(蒙莉娜等，2011；金贵等，2017)、生态功能分区(Liu & Li, 2008；陈龙等，2013；Peng et al.，2016)、主体功能区划(Fan & Li, 2009；樊杰，2015)等多种功能分区研究工作，对于我国及区域国土空间规划与管理调控策略的制定发挥了重要的基础性、战略性指导作用。相关研究多以行政区划为基础单元，分析功能分布的空间差异特征，针对不同分区的弱势功能，从定性层面提出优化调控策略。功能分区的方法主要有空间聚类(樊杰，2015；金贵等，2017)、空间叠置(陈龙等，2013；Peng et al.，2016)、专家决策(樊杰，2015；安悦等，2018)等。例如，樊杰(2015)以县级行政区划为单元，采用GIS空间聚类、专家决策等综合集成方法形成中国主体功能区划方案。金贵等(2017)以武汉城市圈为典型案例区，从生产、生活和生态("三生")功能角度开展国土空间功能评价，引入双约束聚类法划定国土空间综合功能区，提出相关调控政策建议。

随着经济社会发展和土地利用格局变化，乡村地域功能和发展定位的多元化及空间差异特征日益明显。近年来，一些国内学者开始以乡村地域系统为研究对象，着重探索基于行政区尺度的乡村地域功能空间分区及其优化调控路径(刘玉等，2013；李平星等，2014；徐凯、房艳刚，2019；曲衍波等，2020)。李平星等(2014)以经济发达地区江苏省为例，采用定量化价值评价方法，研究县域尺度乡村地域生态保育、农业生产、工业发展和社会保障功能的空间差异，识别各县市区主导功能类型。曲衍波等(2020)以山东省为例，在解析乡村地域系统"要素—结构—功能"关系的基础上，建立乡村地域多功能评价指标体系，借助空间自相关、协调度、障碍诊断模型识别乡村地域多功能空间分区格局，明晰不同区域障碍功能及其调控措施。

2. 土地利用功能优化调控

在土地利用功能权衡认知的基础上，对多种土地利用功能进行优化调控，是保障区域可持续发展的重要支撑(彭建等，2017)。以土地资源为对象，土地利用可持续性是指土地资源所具有的，能够长期且稳定地提供经济、社会、生态服务，并能够维护和改善区域人类福祉的综合能力(Pérez-Soba et al.，2008；Ostrom, 2009；邬建国等，2014a)。区别于传统土地利用规划管理对土地利用数量结构及其空间格局的关注，土地利用功能优化调控强调通过基于空间途径的规划与管理手段，实现多种土地利用功能的可持续协同，标志着土地管理从结构到功能的转变（彭建等，2015）。厘清不同土地利用功能之间的权衡关系，正确评估土地利用对社会、经济、环境的影响，有助于制定出适应区域土地利用系统与人类社会可持续发展的最优决策，从而优化调控多种土地利用功能，实现提高特定区域人类福祉的最终目标（O'Farrell & Anderson，2010；邬建国等，2014b；Rodríguez-Loinaz et al.，2015）。

在已有研究中，土地覆被变化常被用于模拟未来土地利用情景，通过对比分析不同情景下土地利用综合效益，以效益最大化为目的，为管理者提供决策依据。Gutzler 等以德国联邦勃兰登堡州为例，对比一般情景、灌溉情景（所有作物均得到灌溉）、能源情景（补贴沼气发电），综合评估不同情景设置对经济、社会、环境的影响，为决策制定者提供参考（Gutzler et al.，2015）。Butler 等（2013）以澳大利亚大堡礁地区为例，分析了四种不同情景下水质调节服务与六个洪泛区服务、四个大堡礁区服务的权衡关系，并确定了生态系统服务与利益相关者之间的权衡阈值，认为水质管理结构与生态系统服务流量之间的规模并不匹配。Bai 等（2011）采用 InVEST 模型分析了在无农用地转换、无城市扩张、农业发展、林业发展以及河岸造林五种情景下，河北白洋淀地区农业生产、水电生产和水质保持三种生态系统服务之间的权衡关系，并提出土地利用优化方案。

多目标分析通过综合考虑多种利益群体的意愿和需求，兼顾多种土地利用目标，在多种目标之间进行权衡，确保土地利用惠益最大化，也是土地利用多功能规划与管理的有效途径。Klein 等（2013）将作物模型融入多目标区域优化程序，综合评估确定瑞典西部布鲁瓦河流域适应气候变化的最佳土地管理策略，认为该区需通过完善土地管理策略来缓解农业生产与环境保护目标之间的冲突，可采取的策略包括减小耕作范围、调整作物份额、调配水资源等。Chang & Ko（2014）集成多目标规划、模糊集和系统动力学等方法，研发了一种动态多目标规划方法，研究土地利用与未来城市发展之间的联系，并结合使用折中指数的决策者偏好，基于台湾地区的案例研究表明，拟合的建模框架可以提供更完整的信息，从而在动态和复杂的环境系统中进行最优的土地利用战略规划。

此外，一些学者也尝试探索土地利用中利益相关者的行为，分析利益相关者参与式土地利用决策制定。Duangjai 等(2015)以泰国北部地区为例，探讨在 20 世纪 50 年代至今的土地法规和政策变化背景下农民的决策，经过对关键信息提供者的深入访谈和小组农民的讨论，构建机构分析与发展(Institutional Analysis and Development)框架，分析土地管理随时间的演变过程，结果表明农民的决策过程既受上层决策的影响，也受多个利益相关者之间横向联系的影响，虽然农民很容易参与森林保护活动，但他们在改变政策的过程中并没有发挥积极作用。Elsawah 等(2015)将利益相关者的感知(定性)整合到正式的模拟模型(定量)中，应用于南澳大利亚葡萄栽培灌溉的案例研究中，利用认知映射来捕捉决策和心理模型的丰富性，实现提高对复杂社会生态系统决策的理解和沟通的目标。

1.2.5 研究综述

纵观现有国内外研究，土地利用功能研究起步较晚，主要是基于可持续发展概念框架，在农业功能、生态系统服务、景观功能的基础上进一步衍生而出。现有关于土地利用功能的研究主要集中在功能分类与量化、功能评价、功能间相互关系及功能调控与管理等方面。其中，国外关于土地利用功能权衡的研究已经较为成熟，研究区域类型多样，研究方法成熟，研究内容丰富，形成了一套较为系统的理论和方法体系，但是研究主要偏向以自然生态系统为对象的生态系统服务评价、权衡与调控研究，较少关注人工生态系统或者与土地利用密切相关的社会经济系统的功能解析及其与生态功能之间的权衡关系。国内学者则更多地以国家宏观战略要求和区域发展目标为导向，注重以土地利用系统为对象的综合性土地利用功能评价及影响因素分析，研究尺度多偏向于中宏观尺度，研究内容综合性强，为土地利用功能权衡研究提供了重要的基础引导，但研究多以行政单元为基础，采用社会经济统计数据开展评价，评价结果对土地利用实践的现实指导意义尚显不足，并且研究尚处于基础评价阶段，缺少对不同功能之间相互关系的研究，研究方法也尚处于探索阶段。

综合而言，现有关于土地利用功能权衡的研究主要存在以下几点不足：(1) 研究侧重于自然生态系统服务/功能解析，忽视了人类主导的社会经济系统在土地利用中的重要作用，使得相关评价指标的选取存在片面性；(2) 土地利用功能评价多以行政单元为基础，采用简单的统计数据进行计量分析，使得研究结果的应用性较弱，缺少一定的现实指导意义；(3) 土地利用功能研究多停留在评价阶段，评价方法尚未统一，也缺少对功能之间相互作用关系的解析。随着可持续发展理念的不断深入，如何将理论方法与现实问题相结合，以区域发展目标为导向，细化基础评价单元，以多源遥感数据和较为成熟的理论方法体系为支撑，科学辨识区域土地利用功能演变规律，解析土地利用功能之间的相互关系，厘清土地利用中存在的关键问题，为土地利用调控与管理提供理论依据和实际参考，已经成为当前中国土地利用转型发展的重要方向，也是实现区域可持续发展的基础支撑。

鉴于此，本研究主要从以下几个方面寻求突破：(1) 将国土空间作为一个整体，基于国土空间规划与管理需要，综合考虑复杂社会生态系统的内部结构和外在联系，以此构建土地利用功能分类框架和指标体系；(2) 以 1 km 格网为基本评价单元，融合多源遥感数据和传统统计调查数据，定量评估格网尺度下土地利用功能状态及其变化，实现研究结果的精细化表达，强化研究结果的应用性；(3) 采用地理空间模型方法和统计数据空间化方法综合评估土地利用功能，科学测度不同类型土地利用功能之间的权衡关系及其时空差异特征，揭示土地利用功能权衡的影响机制。

1.3 研究目标与研究内容

1.3.1 研究目标

以土地利用多功能性和生态系统服务权衡等理论为基础，立足国土空间均衡发展目标，结合经济发达区土地利用特征及其社会生态效应，构建二级土地利用功能分类框架和评价指标体系，以经济发达区江苏省为研究区，在格网尺度上，定量评估不同时间断面下区域各项土地利用功能，辨识不同尺度下区域各项土地利用功能之间的权衡关系及其时空分异特征，探究各项土地利用功能权衡的影响机制。在此基础上，基于精细化的土地利用功能时空分布结果，划定土地利用功能分区，探究不同分区土地利用功能分布特征，探寻差别化的土地利用功能分区调控方向，提出促进多种土地利用功能协调发展的对策建议。

1.3.2 研究内容

研究以土地利用多功能性和生态系统服务权衡等理论为基础，围绕国土空间规划与管理需求，构建土地利用功能分类框架和评价指标体系，并以快速城镇化地区江苏省为例，定量测度和解析江苏省土地利用功能演变态势，分析不同功能之间的权衡关系，探究土地利用功能权衡的影响机制，划分土地利用功能分区，探究不同分区土地利用调控方向，提出促进多种土地利用功能协调发展的对策建议。具体包括以下五个方面的内容。

1. 构建土地利用功能分类框架与评价指标体系

综合考虑复杂社会生态系统中不同土地利用方式之间的关联与影响，立足农业、城镇、生态等不同类型国土空间发展目标，解析人类活动影响下的不同土地利用方式及其提供人类福祉差异，构建“生产—生活—生态”三维土地利用功能分类框架，明晰各项土地利用功能内涵特征，结合经济发达区土地利用特征及其社会生态效应，进一步细化“生产—生活—生态”功能，形成基于不同土地利用方式/效应的二级土地利用功能分类体系，据此建立土地利用功能评价指标体系。

2. 土地利用功能定量评价及其时空演变特征分析

基于土地利用功能分类框架和评价指标体系，以江苏省为研究区，融合土地利用、遥感影像、社会经济、调查监测等多源数据，运用空间统计分析以及 InVEST、游憩机会谱等地理空间分析模型方法，基于格网尺度研究单元，定量评估不同时间断面下区域各项二级土地利用功能，揭示研究期间区域“生产—生活—生态”功能变化特征及其空间分异特征。

3. 土地利用功能权衡识别及其时空特征分析

以各项二级土地利用功能定量识别结果为基础，基于格网、县域、区域等多个尺度，采用均方根误差（Root Mean Squared Error，RMSE）等方法定量刻画区域"生产—生活—生态"功能两两之间以及三者之间的权衡关系，探究区域土地利用功能随地理环境、经济水平、发展方式不同而呈现出的区域分布差异及其动态演化特征。

4. 土地利用功能权衡的影响机制解析

系统梳理现有国内外相关研究，从自然环境、社会经济、地理区位、土地利用等多个方面构建土地利用功能权衡驱动因子指标体系，采用地理探测器等模型方法，从影响土地利用功能权衡的复杂要素中辨识不同时间断面下对其影响最为显著的影响因子，在此基础上，揭示不同影响因子对土地利用功能权衡的作用强度，探究区域各项土地利用功能权衡的影响机制。

5. 土地利用功能分区调控

基于1 km格网尺度下江苏省各项土地利用功能时空分布结果，以县级行政区为基本单元，汇总统计各项功能变化（增强或者减弱）比例，采用*k*-means聚类分析法，划分不同类型土地利用功能区，识别不同分区土地利用功能变化特征，揭示区域土地利用中存在的关键问题，提出不同土地利用功能分区的规划调整方向以及促进多种土地利用功能协调发展的对策建议。

1.3.3 拟解决关键科学问题

（1）基于格网尺度研究单元定量测度不同类型土地利用功能，揭示不同土地利用功能之间的权衡关系及其时空格局特征。

（2）在格网尺度下，揭示土地利用功能权衡的影响机制，科学划定土地利用功能分区，辨识不同分区土地利用功能特征及其发展方向。

1.4 研究方法与技术路线

1.4.1 研究方法

1. 文献分析

利用Web of Science、CNKI等文献数据库，系统梳理国内外关于土地利用功能分类与评价、土地利用功能权衡识别、土地利用功能权衡影响机制以及土地利用功能分区等相关研究成果，进行分类总结，厘清研究脉络和发展方向。

2. 统计分析与空间分析相结合

采用空间统计分析、地理空间分析模型等方法定量评价区域土地利用功能，采用均方根误差等统计分析方法识别不同类型土地利用功能之间的权衡关系，采用空间分析等方法揭示不同类型土地利用功能权衡的时空特征，采用地理探测器等分析方法探究不同类型土地利用功能权衡的影响机制。

3. 定性分析与定量分析相结合

采用均方根误差、地理探测器等方法定量识别不同类型土地利用功能之间的权衡强度以及不同影响因子对各类土地利用功能权衡的作用强度，同时采用 k-means 聚类方法划定土地利用功能分区，定性分析不同分区的土地利用问题及发展方向。

4. 聚类分析与对比分析相结合

基于格网尺度土地利用功能分布结果，在县级行政区尺度下，以不同土地利用功能类型变化比例为对象，运用 k -means 聚类方法划定不同类型土地利用功能分区，对比分析不同分区土地利用功能变化特征，揭示不同分区土地利用功能主要限制性发展因素。

1.4.2 技术路线

本研究以土地利用多功能性和生态系统服务权衡等理论为指导，立足国土空间均衡发展目标，按照“分类评价—机制解析—分区调控”的主线思路，构建土地利用功能分类框架和评价指标体系，以经济发达区江苏省为研究区，定量评价 2000 年、2005 年、2010 年和 2015 年四个时间断面下区域各项土地利用功能，在格网尺度下，辨识区域“生产—生活—生态”功能两两之间以及三者之间的权衡关系，揭示近 20 年区域各项土地利用功能权衡时空分异特征及其驱动机制，在此基础上，划定土地利用功能分区，探究不同分区土地利用功能分布特征及其主要土地利用制约因素，探寻面向可持续发展的差别化土地利用功能分区调控方向。具体技术路线如图 1－3 所示。

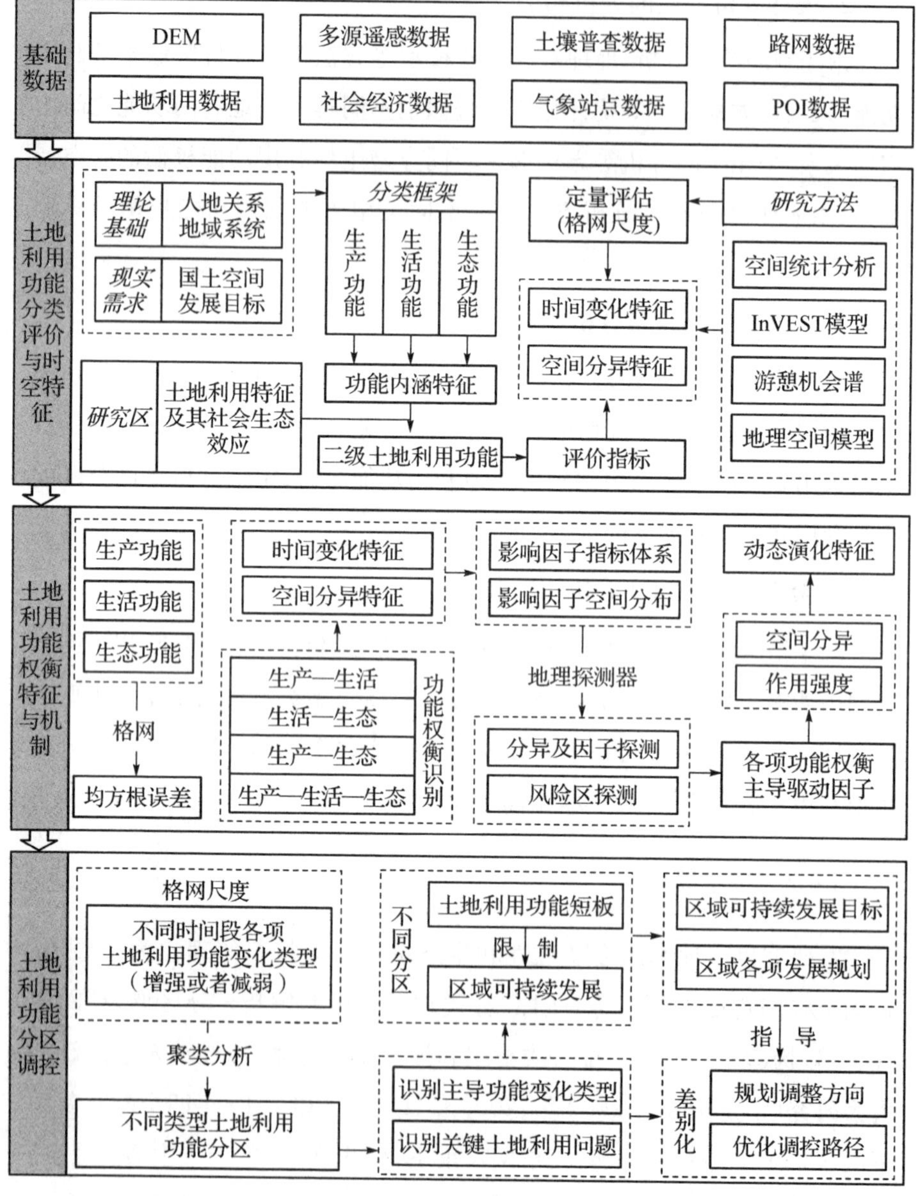

图 1－3　研究技术路线

第二章　理论基础和方法体系

2.1　理论基础

2.1.1　相关概念界定

1. 国土空间规划

20 世纪 80 年代前，国际上“空间规划”并未形成专有概念，往往泛指与物质形体空间相关的具体规划设计，如外部空间规划设计、城市空间规划设计、开敞空间规划设计等（Forman，2014；霍兵，2007；严金明等，2017）。1983 年，欧洲区域规划部长级会议通过的《欧洲区域/空间规划章程》中首次使用“空间规划”这一概念（Forman，2014）。该章程指出，空间规划是经济、社会、文化和生态政策的地理表达，旨在依据总体战略实现区域均衡发展和空间的物理组织（Dejeant-Pons，2010）。不同国家国情存在差异，对于空间规划的界定也有所不同，例如英国的“城乡规划”、欧盟的“空间规划”、日本的“国土综合开发规划”、德国的“空间秩序发展规划”、荷兰的“空间发展规划”等都属于空间规划的体系。尽管如此，不同的空间规划都包含三个基本要素：① 一个长期或中期的规划战略；② 一个不同空间尺度下整合各行业政策的协调方法；③ 一个处理土地利用和物质发展问题的政府治理过程（严金明等，2017）。

针对不同地理区域和不同问题，我国已经制定了诸多不同层级、不同内容的空间性规划，主要包括城乡建设规划、经济社会发展规划、国土资源规划、生态环境规划、基础设施规划等(王向东、刘卫东,2012)。2013 年 11 月,《中共中央关于全面深化改革若干重大问题的决定》首次明确提出"建立空间规划体系,划定生产、生活、生态空间开发管制界限"。2014 年 12 月,由国家发展和改革委员会、国土资源部、环保部和住建部分别牵头,选取全国 28 个市县陆续开展了"多规合一"的试点工作。2017 年 1 月发布的《全国国土规划纲要》对国土空间开发、资源环境保护、国土综合整治和保障体系建设等作出总体部署与统筹安排,对相关国土空间专项规划具有引领和协调作用。随后出台的《省级空间规划试点方案》更是明确提出"统筹各类空间性规划,编制统一的省级空间规划"。由此可见,中国的国土空间规划实际上可以理解为对城镇、农业和生态等国土空间的综合优化,对各类空间资源进行合理安排的战略手段,从而实现经济社会发展与资源环境保护相协调的一项公共政策(严金明等,2017; 林坚等,2018)。

2. 生态系统服务

生态系统服务概念萌芽于 20 世纪 60 年代。最初,生态系统服务是以"环境服务"的形式首次出现在文献中(Helliwell, 1969),Westman(1997)将其描述为"自然服务"。生态系统服务(Ecosystem Services)术语在 1982 年被正式提出(Ehrlich et al., 1982)。Daily(1997)将生态系统服务定义为生态系统形成和维持的人类赖以生存、发展的环境条件与效用。Costanza 等(1997)认为生态系统服务是人类直接或者间接从生态系统中获得的各种惠益,主要分为供给服务、调节服务、文化服务和支持服务四种类型。2001 年,联合国首次启动了对全球生态系统的过去、现在与未来变化进行综合评估的千年生态系统评估计划,将生态系统服务评估列为其核心内容(MEA, 2005)。

联合国千年生态系统评估报告指出,评估中的 15 项全球生态系统服务功能[占评估项目总数(24 项)的 60%以上]正在退化,生态系统服务功能的丧失将对人类福祉产生严重影响,甚至直接威胁区域乃至全球的生态安全(MEA, 2005)。同时,联合国《世界人口展望:2010 年修订本》报告称,21 世纪末全球人口数量将突破 100 亿,生态系统服务有限供给能力与不断增长的人类需求之间的矛盾将愈发激烈,将使自然生态系统承受巨大压力。2005

年，国际地圈生物圈计划（International Geosphere-Biosphere Programme，IGBP）与国际全球环境变化人文因素计划（International Human Dimensions Programme，IHDP）发布的联合核心计划——全球土地计划，将土地利用变化引起的生态系统结构与功能变化以及生态系统服务的供应作为重要的专题研究内容之一（GLP，2005）。自此之后，国内外关于生态系统服务的研究大量涌现，并取得了长足进展和丰富成果（李双成等，2011）。作为连接自然环境与人类福祉的桥梁，生态系统服务研究已经成为当前地理学、生态学等领域的学术热点和研究重点（Sutherland et al.，2006；傅伯杰等，2009；傅伯杰、张立伟，2014；李文华等，2009；Costanza et al.，2017；赵文武等，2018）。

3. 土地利用功能

人类利用土地形成合理的利用结构，以获取经济、社会和生态环境等方面的效益与价值，诠释了土地利用系统提供人类福利的能力（Wiggering et al.，2006；Pérez-Soba et al.，2008；刘超等，2016）。SENSOR 项目将土地利用功能定义为“不同土地利用方式提供的私人和公共产品与服务”，涉及区域中最密切相关的经济、环境和社会三个层面（Pérez-Soba et al.，2008）。土地利用功能将社会经济功能（而不仅是环境功能）直接与土地利用连接，其综合表征为土地利用多功能性，深刻反映了土地利用类型之间的空间组织关系，诠释了土地系统内部各种功能的复杂交互与影响过程，体现了提高经济效率、维护社会公平性和保护生态环境的要求（Pérez-Soba et al.，2008；刘超等，2016）。

土地利用多功能性被认为是土地可持续发展的关键问题所在，可持续土地利用和发展需要考虑以需求为导向的多功能性概念的应用（Kates et al.，2001；Wiggering et al.，2006）。这就要求同时识别和考虑人类对土地利用功能的所有需求，并在土地利用背景下分析它们之间的时空交互关系。仅根据土地覆盖监测来判断和分析土地利用系统通常是不可能的或者不全面的，还需要结合社会经济信息来对土地利用系统的变化进行综合评估（Kruska et al.，2003）。因此，土地利用功能不仅包括提供与预期土地利用有关的商品和服务(如粮食、木材生产等生产服务),还包括土地所有者无意识提供的商品和服务(如美学、文化遗产和生物多样性等)(MEA, 2005)。

4. 土地利用功能权衡

土地利用功能的形成通常会受到人类决策的干预和支配,受人类认知水平和行为方式的影响(彭建等,2017)。土地利用功能权衡取决于人类的管理选择,能够改变土地系统提供的产品和服务的类型、规模及组合模式(Rodríguez et al., 2006)。当某种类型土地利用功能的增强会削弱其他类型土地利用功能,即为权衡。在某些情况下,权衡可能是明确的选择;但在另一些情形下,权衡的产生没有预先设定,甚至没有意识到它们正在发生。例如,我们忽视了不同土地利用功能之间的相互作用,或者我们的认识是错误的、片面的。但即使决定是明确的、理智的选择,也可能会产生负面影响。例如,特定管理决策的预期结果与决策的长期或广泛空间尺度之间的规模不匹配,可能会产生不利影响。

马斯洛需求层次理论指出,在权衡决策时,人们往往首先倾向于供给服务、调节服务,其次才是支持服务、文化服务(李鹏等,2012)。随着资源环境约束的日益突出,在过去的一个世纪里,粮食等供给服务的增加已经降低了气候、水文调节服务和文化服务以及生物多样性等功能(Bennett et al., 2007)。这种选择偏好主要是基于对经济效益的强烈追求,忽略了生态效益和社会效益,偏离了总体效益最大化这一资源管理决策的初衷(彭建等,2017)。协同作用是实现土地利用功能总体效益最大化的内在途径,亦是人类社会发展的最终目标(李鹏等,2012)。减弱或者消除土地利用功能之间的权衡关系,提升人类福祉则是土地利用功能权衡研究的最终目标。因此,为了减少权衡作用的负面效应,有必要在决策前进行土地利用功能权衡分析(Naidoo et al., 2008)。

2.1.2 相关理论支撑

1. 人地关系理论

人地关系的经典解释是人类社会及其活动与自然环境之间的关系(杨

青山、梅林,2001)。人类活动和自然环境的关系并非一成不变,而是随着人类社会的进化而不断向广度和深度发展(吴传钧,2008)。人地关系协调是一个动态、开放、复杂的人地关系系统最为理想的状态(郑度,2002),其中关键是人类和自然环境两个系统各组成要素在结构、功能上保持相对均衡。土地利用是人地关系的核心。土地资源具有多种服务功能,人类对土地不同需求的冲突导致不同的自然资源或景观类型之间形成竞争关系,如非农建设和农业发展竞争、建设用地和生态用地竞争等。这些矛盾汇聚于空间上,便形成了土地利用结构、景观格局、土地利用功能等的变化过程,直观反映人地关系的变化过程。

中国正处于工业化和城镇化快速发展时期,人地矛盾日趋复杂和激化,耕地数量质量双下降,城乡发展不均衡,生态环境不断退化,体现着人地关系演变的负向反馈(信桂新等,2015)。如何扭转人地关系恶化趋势,适时适度对人地关系进行调控是当前国家发展的重要任务。厘清土地利用与社会经济、生态环境之间的关系,把握土地利用结构和功能变化规律,促进多种土地利用功能协调发展,推进土地利用转型,正是推动人地关系正向反馈的科学选择。

2. 可持续发展理论

1987 年,Brundtland 在《我们共同的未来》报告中将可持续发展定义为"满足当前需求而不损害子孙后代满足其需求的能力"(WCED, 1987)。2000 年,中国政府编制了《中国 21 世纪人口、资源、环境与发展白皮书》,首次把可持续发展战略纳入我国经济和社会发展的长远规划。可持续发展战略是人类对工业文明进程进行反思的结果,是人类为了克服一系列环境、经济和社会问题,特别是全球性的环境污染和广泛的生态破坏,以及它们之间关系失衡所作出的理性选择。经济发展、社会发展和环境保护是可持续发展的相互依赖、互为加强的组成部分(Hopwood et al.,2005)。

自然资源的可持续利用,是实现可持续发展的基本条件,人类经济和社会的发展不能超越资源、环境的承载能力。随着可持续发展理论的兴起,土地资源可持续利用已成为人类社会可持续发展的重要依托和核心内容。土地资源可持续利用的核心目标是为实现土地生产力的持续增长及稳定，防止土地退化，最终实现良好的经济效益、生态效益和社会效益。综合区域经济、社会、生态等特征，科学识别土地利用功能，强调并发挥区域内土地利用功能的复合作用，合理优化配置土地资源，是实现土地资源可持续利用的有效途径。

3. 景观生态学理论

景观生态学已被广泛认为是一种高度跨学科的异质性科学，最早由德国生物地理学家 Troll 于 20 世纪 30 年代末提出。异质性重要性的揭示使得景观视角下的生态学在不同的组织层面上相互关联，并且在广泛的空间尺度上与地球科学相关（Wu，2006）。景观生态学是生态学中以空间为导向的一个分支，与生态学其他分支相比，景观生态学更加关注从应用视角解析人类活动对自然环境结构和功能所产生的影响（文克等，2016）。Turner（2005）认为景观生态学应关注空间异质性以及模式与过程之间的关系。

景观生态学的研究对象是作为复合生态系统的景观，包括基质、斑块和廊道三大要素，景观要素的空间组织及构成影响着人类作用下景观功能的发挥（Wu，2006）。景观生态学旨在以整个景观为对象，通过生物、非生物以及人类之间的相互作用与转化，运用生态系统的原理和方法研究景观结构和功能、景观动态变化及其相互作用的机理，进而实现合理利用和保护景观、优化景观格局的目标。景观功能作为景观生态学的重要研究内容，是景观结构与社会经济生态过程相互作用或者景观结构单元之间的相互作用形成的。研究景观生态系统的发展和演化规律，科学认知不同土地类型构成的景观综合体所具备的多样化功能，探求合理利用、保护和管理景观的途径与措施，是景观生态学理论应用于现实世界的重要途径。

4. 土地利用转型理论

1987 年，美国地理学家 Walker 首次提出土地利用转型一词，并从经济学视角构建土地利用转型模型，揭示森林采伐地被农民遗弃的原因（Walker，1987）。1995 年，英国地理学家 Grainger 首次明确土地利用转型的概念,即为国家土地利用形态的转变过程(Grainger,1995)。此时的土地利用形态主要是指土地利用空间形态。21 世纪初,作为土地利用/覆被变化研究的新途径,土地利用转型经龙花楼研究员引入中国(龙花楼,2003),并将土地利用转型的概念拓展为一段时期内与经济社会发展阶段转型相对应的区域土地利用由一种形态转变为另一种形态的过程(龙花楼,2012)。土地利用形态也被拓展为显性形态和隐性形态两种形式(龙花楼,2012;宋小青,2017)。

区域土地利用转型的实质是土地利用类型或功能在空间上产生冲突,并在时间上通过转变形态来缓解冲突的过程(龙花楼,2015)。土地利用转型与社会经济、生态系统紧密关联,社会经济、生态系统的变化必然会影响土地利用转型(宋小青,2017)。土地利用功能则与人类对土地的非商品性产出需求息息相关。非商品性产出需求往往受社会经济发展水平制约,这就要求土地利用功能转型必须符合并服务于社会经济发展(宋小青,2017)。随着经济社会的发展,土地的非商品性产出需求日趋多样化,从而产生多种土地利用功能。土地利用功能管理是土地管理的重要内容,充分理解土地的这种多功能特性并权衡协调多种功能之间的关系,发挥土地利用功能转型对空间转型的调控作用,是推进土地利用转型的关键(宋小青,2017)。

2.2 方法体系

2.2.1 土地利用功能分类框架

土地利用功能体现着不同土地利用方式满足人类各种需求的程度和能力。随着经济社会的不断发展,土地资源的利用范围广泛化,利用方式多样化,人类对土地利用功能的认知由简单到复杂,从一元到多元,土地利用的社会属性日益凸显,土地利用功能分类的焦点逐渐转向区域土地可持续利用,并且逐渐呈现综合性、多元化的特点(刘超等,2016)。科学认知和正确评估土地利用功能,有助于制定出适应区域土地利用与人类社会可持续发展的最优决策,进而实现提高区域人类福祉的最终目标。识别多样化的土地利用功能,对土地利用功能进行分类是土地利用功能评价及其权衡与协同研究的前提和基础。

国土空间是人类活动参与下多要素相互作用形成的动态复杂人地关系系统，承载着多样化的人类需求，并且通过不同的土地利用方式得以实现，从而形成多种土地利用功能。作为中国首个全国性国土开发与保护的战略性、综合性、基础性规划，《全国国土规划纲要（2016—2030）》从国土规划管理的需要出发，将国土空间划分为农业空间、城镇空间和生态空间，提出以用途管制为主要手段进行国土空间开发保护与利用。农业空间、城镇空间、生态空间涵盖了人们物质生产和精神生活中的空间活动范围，是经济社会持续发展的基本载体。不同类型国土空间在其形成与演化中的地位和作用存在差别，主导土地利用方式亦有所不同，由此形成多样化的土地利用功能，这些功能与土地自身特性和土地利用过程相关联，并最终服务于国土空间可持续发展(图 2-1)。

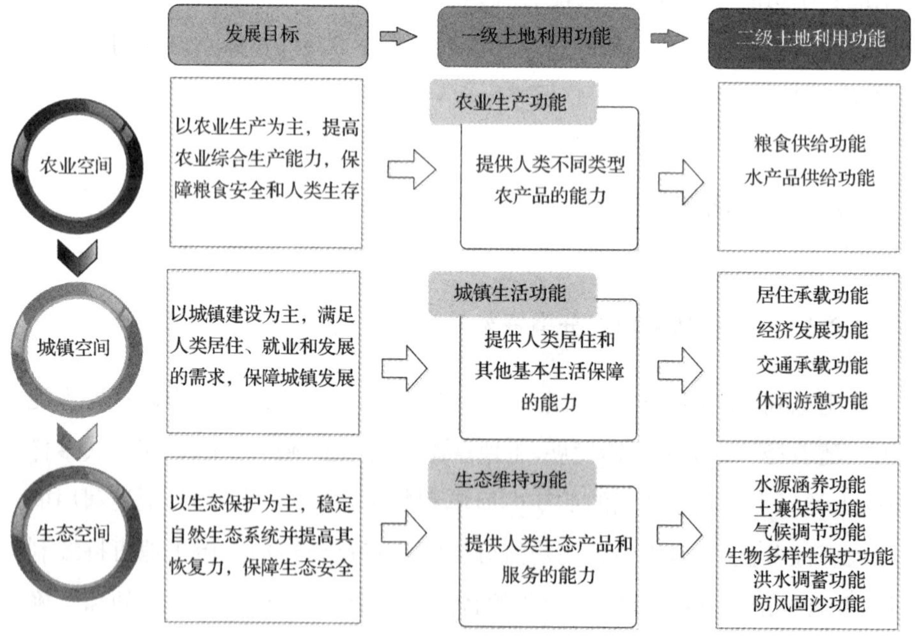

图 2-1　土地利用功能分类框架

1. 农业空间

它是以保障粮食安全为主要目标，以农业生产为主要土地利用活动的区域。耕地作为农业空间可变性最强的土地利用类型，其保护和利用直接关系农业基础地位的稳定以及经济社会可持续发展的全局性战略。耕地保有量已经成为我国国土空间规划的约束性指标，坚守耕地保护红线，合理划定永久基本农田，提高农业综合生产能力，是当前农业空间持续发展的主要任务。民以食为天，以耕地为主的粮食生产与供给是人类生存和发展的物质基础，对人类发展具有决定性作用，也是农业生产系统提供满足人类需求最重要的产品和服务。随着人类生活水平的提高，对水产品的需求也日益增强，尤其是在我国东部沿海地区，农业用地主要分布在沿江、沿海、沿湖等水网平原地区，渔业产业发达且具特色，水产品供给已经成为区域农业生产的重要组成。由此可见，农业空间主要具有以提供农产品为主的农业生产功能（以下简称“生产功能”），主要包括粮食供给和水产品供给两项子功能。

2. 城镇空间

它是以保障城镇发展为主要目标，以城镇建设为主要土地利用活动的区域。城镇发展建设的主要目的是满足人类对居住、就业和发展的需求。其中，城镇居住承载、交通承载是维持城镇生活系统运行的基底，其承载人口居住和出行的能力体现着区域城镇空间最基本的保障功能。随着城镇化水平的提高，为满足人类日益增长的生活需求，多样化的非农产业开始不断涌现，为国民经济发展做出了巨大贡献，推动着人类社会的进步。在提供基本物质生活保障的同时，精神生活保障也是城镇发展的核心内容，自然景观为人类追求休闲、娱乐创造了天然的条件，是满足人类精神需求的重要源泉。由此可见，城镇空间具有以提供人类居住和其他基本生活保障为主的城镇生活功能（以下简称“生活功能”），并可进一步划分为居住承载、经济发展、交通承载、休闲游憩 4 项子功能。

3. 生态空间

它是以保障生态安全为主要目标，以生态保护为主的区域。生态空间具有以提供生态产品和服务为主的生态维护功能（以下简称“生态功能”）。

稳定自然生态系统并提高其恢复力，一直是实现自然和人类社会长期可持续共存的关键问题(Fischer et al., 2006; Sasaki et al., 2015)。生态系统通过林冠、枯落物、根系以及土壤将降水拦蓄在系统内部，不仅满足系统内各生态组分对水源的需要，同时持续地向外部提供水源，水源涵养是一项重要的生态功能(傅斌等，2013；陈姗姗，2016)。陆地生态系统碳储量是全球气候变化研究的重要内容(揣小伟等，2011)，土地利用/覆被变化影响着陆地生态系统的碳储量，其对气候变化产生的影响已经成为全球关注的焦点(Kalnay & Cai, 2003; Pielke, 2005; Long & Pijanowski, 2017)。随着人口增长、经济发展以及土地利用结构的变化，生境斑块之间的物质流、能量流循环受到较大影响，区域生境分布格局和功能也因此改变(吴健生等，2015)。此外，2006—2017年，中国每年有100多个城市遭受洪灾(中华人民共和国水利部国家防汛抗旱办公室，2018)。城市洪水的加剧不仅是排水能力不足造成的，而且是由于不透水表面以牺牲绿地为代价迅速扩张而改变的水文过程(Du et al., 2015; Kaspersen et al., 2017)。人口数量持续增长和土地资源不合理利用也使得我国土地退化态势较严重，减少由于风蚀所导致的土壤侵蚀作用是自然生态系统的重要功能之一。鉴于此，研究进一步将生态功能划分为水源涵养、土壤保持、气候调节、生物多样性保护、洪水调蓄、防风固沙六项二级土地利用功能。

2.2.2 土地利用功能评价与变化分析

基于土地利用功能分类框架，研究进一步结合不同二级土地利用功能的内涵特征，选取适宜的指标因子，予以表征各项土地利用功能，形成土地利用功能指标体系，具体指标说明详见第四章4.1.1节。

为了更好地展现研究区土地利用功能空间特征及尺度效应，实现土地利用功能的精细化表达，以期更加精确有效地辅助土地利用决策，研究以1 km格网为基础评价单元，综合应用InVEST、RUSLE、统计数据空间化以及其他地理空间模型等研究方法，定量测度研究区不同时点各项二级土地利用功能指标状态值，具体方法说明详见第四章4.1.2节。在此基础上，研究采用极值标准化法对不同时点的各项二级土地利用功能指标值进行标准化处理，得到不同时点各项土地利用功能指标的统一量纲值，数值范围在0～1之间。研究选取的指标均为正向指标，故指标标准化公式如下：

$$LUF_{std} = (LUF_{obs} - LUF_{min}) / (LUF_{max} - LUF_{min}) \qquad (2-1)$$

式中，LUF_{std} 和 LUF_{obs} 分别表示某项土地利用功能指标的标准化值和实际测量值；LUF_{max} 和 LUF_{min} 分别表示研究区内某项土地利用功能指标的最大值和最小值。

基于各项二级土地利用功能指标标准化结果，研究进一步采用综合加权法测算得出各项一级土地利用功能指标值，具体计算方法如下：

$$LUF_i = w_{i1} \cdot LUF_{i1} + w_{i2} \cdot LUF_{i2} + \cdots + w_{in} \cdot LUF_{in} \qquad (2-2)$$

式中，LUF_i 表示第 i 项一级土地利用功能指标值；LUF_{i1}、LUF_{i2}、…、LUF_{in} 分别表示第 i 项一级土地利用功能所包含的第 1、2、…、n 项二级土地利用功能指标标准化值；w_{i1}、w_{i2}、…、w_{in} 分别表示第 i 项一级土地利用功能所包含的第 1、2、…、n 项二级土地利用功能的影响权重。

针对不同研究基础单元，研究进一步分析各项一级土地利用功能的时空变化状况，具体测度原理如下：

$$LUFCI_i = LUF_{it_j} - LUF_{it_k} \qquad (2-3)$$

式中，LUF_{it_j}、LUF_{it_k} 分别表示第 i 项一级土地利用功能在时点 t_j、t_k（$t_j > t_k$）的状态值，$LUFCI_i$ 表示第 i 项一级土地利用功能在 $t_k \sim t_j$ 时间段内的变化值。

若 $LUFCI_i > 0$，则表示土地利用功能增强；$LUFCI_i < 0$，则表示土地利用功能减弱；$LUFCI_i = 0$，则表示土地利用功能无变化。$LUFCI_i$ 的平均值越大，表示土地利用功能变化（增强/减弱）程度越大，反之则变化（增强/减弱）程度越小。

2.2.3　土地利用功能权衡识别

土地利用功能权衡（trade-offs）是指某些类型土地利用功能的增强或者减弱会引起其他类型土地利用功能呈现相反方向的变化，即减弱或者增强。

在更广泛的意义上，土地利用功能权衡也可指不同类型土地利用功能以不均匀的速度或速率发生单方面的变化。测算单个土地利用功能的均方根误差是量化两个或者两个以上土地利用功能之间权衡关系的一个简单而有效的方法。基于格网、县域、市域等不同尺度研究单元，结合土地利用功能分类评价结果，研究拟采用均方根误差方法来揭示不同时间断面下区域土地利用功能两两之间以及三者之间的权衡强度。均方根误差计算公式如下：

$$RMSE = \sqrt{\frac{1}{n-1} \times \sum_{i=1}^{n} (LUF_i - \overline{LUF})^2} \qquad (2-4)$$

式中，LUF_i 表示第 i 项一级土地利用功能指标值，$\overline{LUF}$ 为 n 项一级土地利用功能指标均值，$RMSE$ 为均方根误差，表示单项一级土地利用功能指标值与所有土地利用功能指标均值之间的平均偏差。

在二维坐标系中，均方根误差表示某成对土地利用功能指标值的坐标点到 1∶1 线的距离，距离越大则表示权衡强度越高，坐标点相对于 1∶1 线偏向某项土地利用功能则表示该项功能在权衡中获益。如图 2-2 所示，若成对土地利用功能坐标点位于 1∶1 线上，则表示两项功能指标值相等，即两者之间为零权衡，如点 A、点 E，且坐标点对应的功能指标值越大表示两项功能均获益越高；若成对土地利用功能坐标点位于 1∶1 线右下方，则表示两项功能存在功能 1 获益的权衡，如点 B，坐标点到 1∶1 线的距离表示两项功能间的权衡强度大小，如 BO_1；若成对土地利用功能坐标点位于 1∶1 线左上方，则表示两项功能存在功能 2 获益的权衡，如点 C、点 D，坐标点到

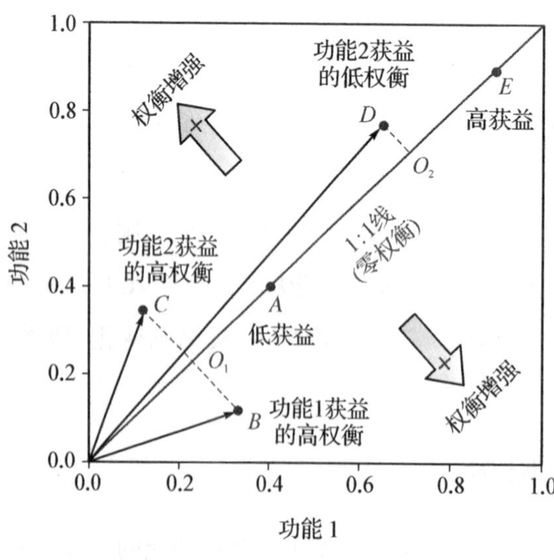

图 2-2 某成对土地利用功能权衡关系示例

1∶1线的距离 CO_1、DO_2 均表示两项功能间的权衡强度大小，且因 $CO_1 > DO_2$，故两项功能间的权衡强度在 C 点高于在 D 点。

2.2.4　土地利用功能权衡影响机制解析

土地利用功能之间的权衡关系具有空间异质性和时间动态性，并且随着时空尺度的推移发生改变。土地利用功能权衡关系的尺度依赖性主要取决于不同时空尺度的土地利用功能之间的相互作用。在不同空间尺度上，不同利益相关方对不同类型土地利用功能的认知有所差异，使得土地利用功能在空间上表现出不一致，进而影响土地利用功能之间的权衡关系。在不同时间跨度上，不同类型土地利用功能所发挥的效用亦不相同，也会引起土地利用功能之间权衡关系的变化。在决策时，综合考虑不同时间断面下土地利用功能权衡的特征与机制，是实现土地利用功能整体惠益最大化的重要前提。因此，本研究系统梳理和总结国内外关于农业功能、生态系统服务、景观功能以及土地利用功能等方面的文献资料，选取具有不同土地利用功能权衡时空特征以及不同自然—人文特征的典型样区开展实地走访和调研，进而构建土地利用功能权衡影响因子指标体系。在此基础上，结合不同时间断面下区域土地利用功能权衡识别结果，采用地理探测器辨识多个时间断面下各项土地利用功能权衡的主导影响因子，揭示区域土地利用功能权衡影响机制及其时空效应。

地理探测器是探测空间分异性并揭示其背后驱动力的一组统计学方法（王劲峰、徐成东，2017）。其核心思想是基于这样的假设：如果某个自变量对某个因变量有重要影响，那么自变量和因变量的空间分布应该具有相似性（Wang et al., 2010; Wang & Hu, 2012）。地理探测器包括因子探测、交互作用探测、风险区探测和生态探测四种。本研究重点采用因子探测和风险区探测，分别探测土地利用功能权衡的主导因子和判断不同分区土地利用功能权衡的差异性特征。

因子探测主要是探测某因子 X 多大程度上解释了属性 Y 的空间分异，通常用 q 值度量，表达式为：

$$q = 1 - \frac{\sum_{h=1}^{L} N_h \sigma_h^2}{N\sigma^2} = 1 - \frac{SSW}{SST} \quad (2-5)$$

$$SSW = \sum_{h=1}^{L} N_h \sigma_h^2, SST = N\sigma^2$$

式中，$h = 1, 2, \cdots, L$，为变量 Y 或因子 X 的分层(Strata)，即分类或分区；N_h 和 N 分别为层 h 和全区的单元数；σ_h^2 和 σ^2 分别是层 h 和全区 Y 值的方差。SSW 和 SST 分别为层内方差之和(Within Sum of Squares)和全区总方差(Total Sum of Squares)。q 的值域为[0, 1]，值越大说明 Y 的空间分异性越明显；如果分层是由自变量 X 生成的，则 q 值越大表示自变量 X 对属性 Y 的解释力越强，反之则越弱。极端情况下，q 值为 1 表明因子 X 完全控制了 Y 的空间分布，q 值为 0 则表明因子 X 与 Y 没有任何关系，q 值表示 X 解释了 $100 \times q$ %的 Y 。

q 值的一个简单变换满足非中心 F 分布(Wang et al., 2016)：

$$F = \frac{N-L}{L-1} \frac{q}{1-q} \sim F(L-1, N-L; \lambda) \quad (2-6)$$

$$\lambda = \frac{1}{\sigma^2} \left[\sum_{h=1}^{L} \overline{Y}_h^2 - \frac{1}{N} \left(\sum_{h=1}^{L} \sqrt{N_h}\, \overline{Y}_h \right)^2 \right] \quad (2-7)$$

式中，λ 为非中心参数；$\overline{Y}_h$ 为层 h 的均值。根据式(2-7)，可以使用地理探测器软件来检验 q 值是否显著。

风险区探测主要用于判断两个子区域间的属性均值是否有显著的差别，用 t 统计量来检验：

$$t_{yh=1} - \overline{y}h = 2 = \frac{\overline{Y}_{h=1} - \overline{Y}_{h=2}}{\left[\frac{Var(\overline{Y}_{h=1})}{n_{h=1}} + \frac{Var(\overline{Y}_{h=2})}{n_{h=2}} \right]^{1/2}} \quad (2-8)$$

式中，$\overline{Y}_h$ 表示子区域 h 内的属性均值；n_h 为子区域 h 内样本数量，Var 表示方差。统计量 t 近似地服从 Student's t 分布，其中自由度的计算方法为：

$$df=\frac{\frac{Var\ (\overline{Y}_{h=1})}{n_{h=1}}+\frac{Var\ (\overline{Y}_{h=2})}{n_{h=2}}}{\frac{1}{n_{h=1}-1}\left[\frac{Var\ (\overline{Y}_{h=1})}{n_{h=1}}\right]^2+\frac{1}{n_{h=2}-1}\left[\frac{Var\ (\overline{Y}_{h=2})}{n_{h=2}}\right]^2} \tag{2-9}$$

零假设 H_0：$\overline{Y}_{h=1}=\overline{Y}_{h=2}$，如果在置信水平 α 下拒绝 H_0，则认为两个子区域间的属性均值存在着明显的差异。

第三章　研究区及数据处理

3.1　研究区概况

3.1.1　研究区选择

本研究选取江苏省为研究案例区，该区位于中国东部沿海中心地带，滨(长)江临(黄)海，是长江三角洲地区重要组成部分，是长江经济带的重要战略支点(图 3-1)。江苏省下辖 13 个地级市和 63 个县(市、区)，自然条件优越，区位优势明显，开发历史悠久，发展基础雄厚，是我国最为发达的省份之一。全省拥有湿地面积 282.20 万公顷，自然湿地保护率达 30.20%。全省各种类型自然保护区 30 个(其中国家级自然保护区 3 个)，总面积 56.50 万公顷，占国土面积的 5.50%，基本覆盖了麋鹿、丹顶鹤、银缕梅、宝华玉兰等国家重点保护或濒危野生动植物的集中分布地。

2015 年，江苏省城镇化率达 66.50%，高出全国 10.4 个百分点；每平方公里国土面积承载的人口和经济总量是全国平均水平的 5 倍和 8 倍。全省国土开发强度接近 21%，远远超过全国平均水平的 4.02%，高强度开发严重影响区域生态环境，压缩了区内绿色生态空间。丘陵山区开发、公路建设、围湖造田、滩涂资源开发等人类活动的增多，使得野生生物分布生境遭受破坏，分布区日益缩小，栖息地破坏严重。局部地区生态系统已经较为敏感，具有不同程度的生态脆弱性，特别是易受洪涝、滑坡、沉降等灾害影响的地区易损性较强。2015 年，全省人均耕地面积为 0.057 公顷，仅为全国平均水平的 54.42%，逼近联合国粮农组织警戒线(0.053 公顷)。持续大量使用化肥、农药以及工业废物排放带来的面源污染也导致耕地污染加重。

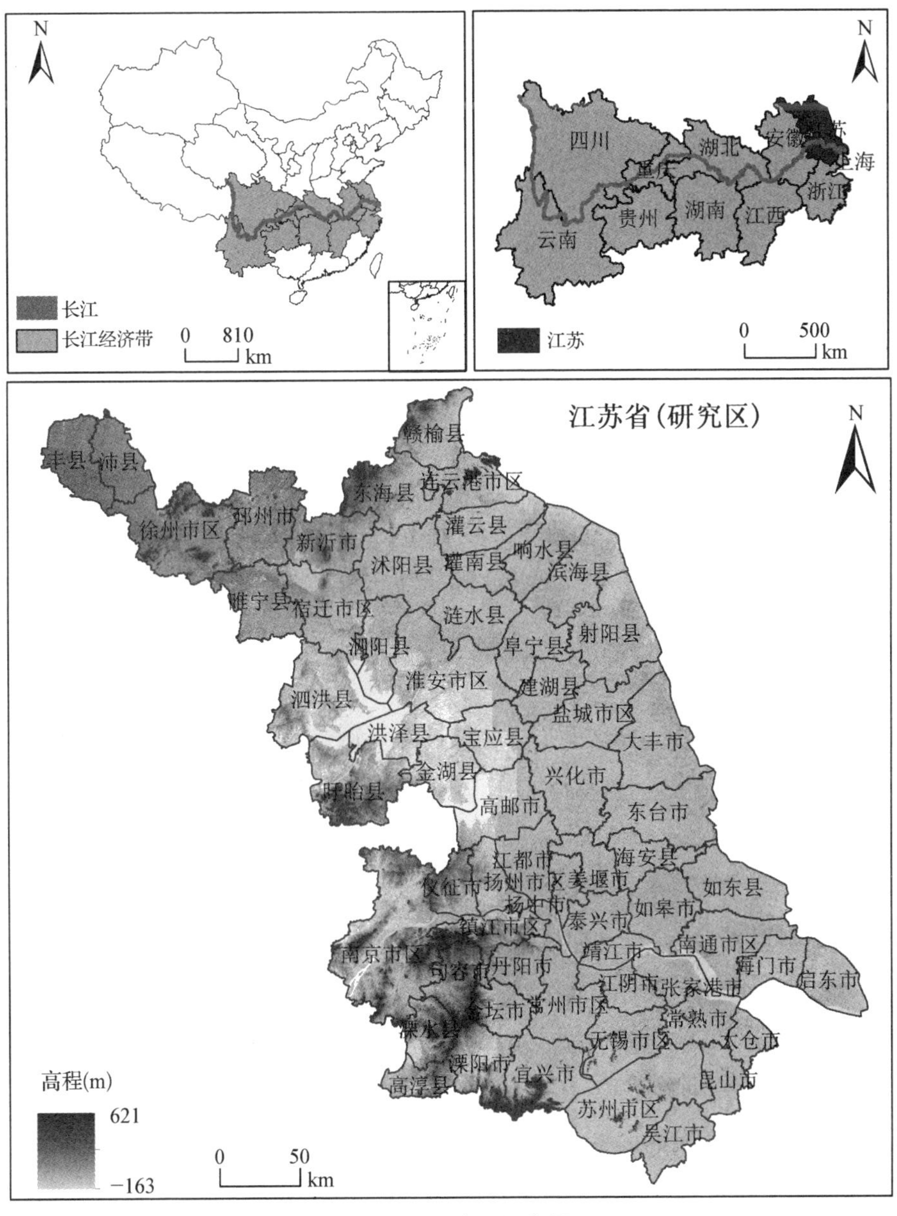

图 3-1　研究区区位图

注：中国地图审图号为 GS(2016)1575 号

由此可见，优越的自然禀赋为江苏省经济社会的快速发展提供了独特的条件，造就了工业化、城镇化发展的显著成就。然而，长期以来快速的工业化和城镇化发展，使江苏省国土空间发生了巨大而深刻的变化，形成了"人口密度大、城镇化率高、人均环境容量小、单位国土面积污染负荷高"的特殊省情，资源环境约束愈加明显，推进生态文明建设的任务十分艰巨。当前，有必要客观分析区域土地利用功能变化空间特征，识别不同土地利用功能之间的权衡关系，确定具有差异的土地利用功能分区，进而科学判别快速城镇化发展过程中江苏省农业、城镇空间发展与生态空间保护之间的矛盾冲突，厘清区域国土空间开发与利用中的关键问题及其差异特征，为江苏省率先实现全面建成小康社会和率先基本实现现代化目标提供理论支撑与实践参考。

3.1.2 自然条件

江苏平原广阔，平原面积占陆域国土空间的 68.80%，江河湖泊密布，水面面积占 16.90%，平原和水面面积比重均居全国各省区之首。区内低山丘陵环绕，主要集中分布在西南和北部地区，面积占 14.30%。江苏属于温带向亚热带的过渡性气候，气候温和，雨量适中，四季气候分明，以淮河—苏北灌溉总渠一线为界，以北属暖温带湿润、半湿润季风气候，以南属亚热带湿润季风气候，具有南北生物资源的多样性和农业生产的适宜性。

2015 年全省水资源总量 582.1 亿 m^3，其中地表水资源量 462.9 亿 m^3。全省总用水量 460.6 亿 m^3，总耗水量 254.9 亿 m^3，占总用水量的 55.3%。全省优于Ⅲ类的水质断面 612 个，占 36.7%；控制河长 8 115.9 km，占 42.7%。主要超标项目为氨氮、五日生化需氧量。江苏省地处三个土壤生物气候带，分别分布着不同的地带性土类，即地处暖温带南部的徐淮地区，分布着棕壤和褐土；地处北亚热带的里下河地区、沿江地区和苏南地区，分布着黄棕壤和黄褐土；地处中亚热带北缘的宜兴一带，分布着属于红壤土类的棕红壤。江苏由北向南有暖温带落叶阔叶林、北亚热带落叶常绿阔叶混交林及中亚热带常绿阔叶林等地带性植被类型，并拥有多样的海岸湿地植物资源。2015 年江苏省林木覆盖率22.5%，活立木总蓄积 9 000 万立方米。

3.1.3　社会经济状况

2015 年，江苏省常住人口 7 976.30 万人，人口密度为 744 人/平方公里，城镇化率 66.50%，高出全国平均水平十个百分点。2015 年末，全省就业人口4 758.50万人，第一产业就业人口 875.56 万人，第二三产业就业人口3 882.94 万人。城镇地区就业人口 3 076.22 万人，城镇登记失业率 3.0%。

2015 年全年实现地区生产总值 70 116.4 亿元，三次产业增加值比例调整为 5.7∶45.7∶48.6，实现产业结构“三二一”标志性转变。苏南现代化建设示范区引领带动作用逐步显现，苏中融合发展、特色发展加快推进，苏北大部分指标增幅继续高于全省平均水平，苏中、苏北经济总量对全省的贡献率达 46.2%。沿海开发有力推进，沿海地区实现生产总值 12 521.5 亿元，对全省经济增长贡献率达 19.4%。

江苏粮食总产一直位居全国前列。2015 年，全省粮食播种面积 8 137.0 万亩，粮食总产量达 3 561.3 万吨，粮食平均亩产 437.7 公斤。2015 年全省高标准农田建设稳步推进，高标准农田建设比重达 52%左右，高效农业设施面积 1 199.2 万亩。全省蔬菜播种面积为 2 135.4 万亩，总产量为 5 595.7 万吨，蔬菜已成为推动农业增加值持续增长的重要支撑。

全省高速公路里程达 4 688 公里，高速公路实现县级节点全覆盖。江苏农村公路密度达 13 800 公里/平方公里，农村公路网密度和高等级公路比重全国领先。京沪铁路、陇海铁路两条铁路干线经过境内，京沪铁路主要呈东西向穿越江苏的南部，陇海铁路也呈东西向经过江苏的最北部。全省共分布有 9 个民航机场与 9 个一类航空口岸，港口万吨级以上码头泊位 490 个。内河航道总里程约占全国的 1/5，四级以上航道里程达到 3 081 公里，里程和密度均居全国之首。

江苏旅游资源丰富，自然景观与人文景观相互交融，是我国山水园林、名胜古迹和旅游城市高度集中的地区。江苏共有苏州古典园林、明孝陵、大运河三处世界遗产，泗洪洪泽湖湿地森林公园、盐城丹顶鹤自然保护区、大丰中华麋鹿园景区三处国家级自然保护区以及太湖、南京钟山风景区、云台山、蜀岗瘦西湖、三山五处国家重点风景名胜区和 120 处全国重点文物保护单位。深厚的文化底蕴，淳朴的乡风名俗，也形成了江苏充满浓郁水乡风韵的旅游特色。

3.1.4 土地利用状况

1. 土地利用变化

土地利用转移矩阵能够揭示区域某一时间点的土地利用结构，也能定量描述研究期初和期末不同土地类型之间相互转化的动态过程，反映各地类转入转出的基本信息(刘纪远等，2009，2018；Liu et al.，2014)，其表达式为：

$$S_{ij}=\begin{pmatrix} S_{11} & S_{12} & S_{13} & \cdots & S_{1n} \\ S_{21} & S_{22} & S_{23} & \cdots & S_{2n} \\ S_{31} & S_{32} & S_{33} & \cdots & S_{3n} \\ \vdots & \vdots & \vdots & \vdots & \vdots \\ S_{n1} & S_{n2} & S_{n3} & \cdots & S_{nn} \end{pmatrix} \tag{3-1}$$

式中，S_{ij} 表示研究期初第 i 类土地利用类型转变为研究期末第 j 类土地利用类型的面积；S_{nn} 表示研究期内土地利用类型保持不变的面积；n 表示土地利用类型数目。

研究借助 ArcGIS 平台，将 2000 年、2015 年土地利用图进行空间叠置分析，获取研究区 2000—2015 年土地利用变化空间分布图(图 3－2)，并进行统计分析获取 2000—2005 年、2005—2010 年、2010—2015 年以及 2000—2015 年间土地利用转移矩阵(表 3－1)。

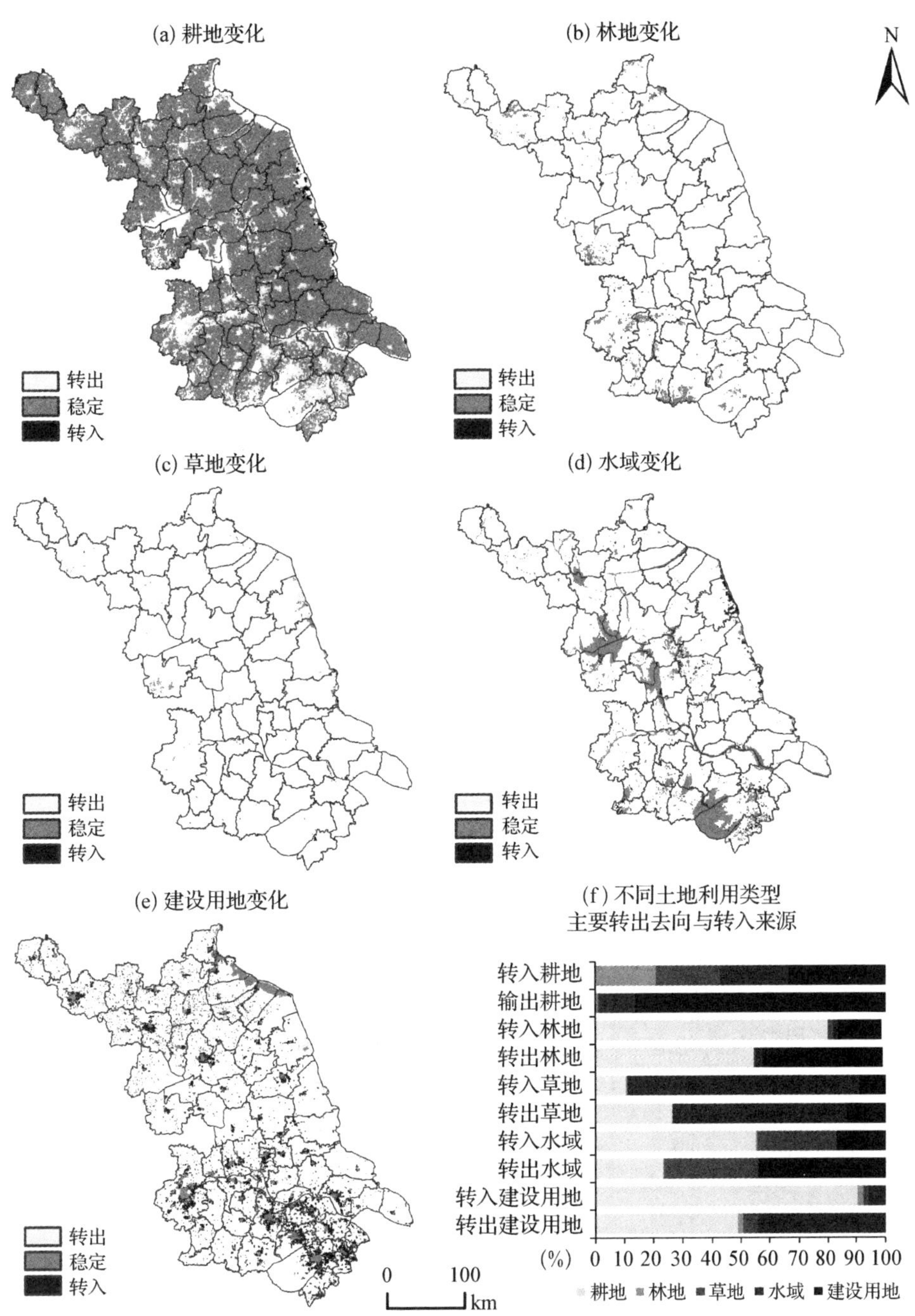

图 3-2 2000—2015 年江苏省不同土地利用类型及其变化空间分布

表 3-1　2000—2015 年江苏省土地利用转移矩阵　　单位:平方米

	土地利用类型	2000 年						
		耕地	林地	草地	水域	建设用地	未利用地	合计
2005 年	耕地	6 812 337	936	89	7 605	11 035	0	6 832 002
	林地	3 299	337 897	4 043	1 204	306	0	346 749
	草地	497	0	118 248	10 331	158	0	129 234
	水域	60 120	271	23 968	1 563 120	3 405	0	1 650 884
	建设用地	106 063	861	1 779	5 817	1 451 320	1	1 565 841
	未利用地	0	0	0	0	0	1 637	1 637
	合计	6 982 316	339 965	148 127	1 588 077	1 466 224	1 638	10 526 347

	土地利用类型	2005 年						
		耕地	林地	草地	水域	建设用地	未利用地	合计
2010 年	耕地	6 344 583	21 605	7 971	5 487	21 604	0	6 401 250
	林地	4 051	310 528	112	24	1 417	5	316 137
	草地	1 222	103	93 539	190	3 137	6	98 197
	水域	34 968	1 154	22 458	1 614 850	29 695	0	1 703 125
	建设用地	447 085	13 003	5 104	30 332	1 509 975	54	2 005 553
	未利用地	94	356	51	0	12	1 572	2 085
	合计	6 832 003	346 749	129 235	1 650 883	1 565 840	1 637	10 526 347

	土地利用类型	2010 年						
		耕地	林地	草地	水域	建设用地	未利用地	合计
2015 年	耕地	6 275 814	2 276	8 474	23 475	12 334	3	6 322 376
	林地	1	311 076	2	508	6	108	311 701
	草地	2 072	125	72 512	31 807	3 041	0	109 557
	水域	9 822	226	15 173	1 625 585	10 739	66	1 661 611
	建设用地	113 540	2 417	2 035	21 751	1 979 348	145	2 119 236
	未利用地	0	18	0	0	86	1 762	1 866
	合计	6 401 249	316 138	98 196	1 703 126	2 005 554	2 084	10 526 347

续　表

	土地利用类型	2000 年						
		耕地	林地	草地	水域	建设用地	未利用地	合计
2015 年	耕地	6 227 862	19 836	20 466	22 500	31 707	3	6 322 374
	林地	6 534	303 524	152	145	1 232	114	311 701
	草地	4 082	198	70 634	31 210	3 427	6	109 557
	水域	93 479	941	46 464	1 492 055	28 607	66	1 661 612
	建设用地	650 210	15 061	10 358	42 167	1 401 241	199	2 119 236
	未利用地	149	405	51	0	12	1 250	1 867
	合计	6 982 316	339 965	148 125	1 588 077	1 466 226	1 638	10 526 347

从图 3－2 可以看出，2000—2015 年，江苏省耕地转出和建设用地转入表现得尤为明显，并且转出耕地的最主要去向是建设用地，转为建设用地的耕地占转出耕地总面积的 86.18%；转入建设用地的最主要来源则是耕地，由耕地转入的建设用地占转入建设用地总面积的 90.56%。此外，从图 3－2(e)可以看出，江苏南部地区建设用地面积明显高于北部地区和沿海地区，并且各城市市区核心区范围内的建设用地总体较为稳定，这些区域主要是 2000 年已建成区域，转出耕地和转入建设用地主要分布在各城市市区核心区周边范围，其变化在江苏南部地区表现得更为显著。江苏北部地区和沿海地区耕地相对更为稳定且分布更为集中。转出耕地的其他主要去向还包括水域，转为水域的耕地占转出耕地总面积的 12.39%；而耕地也是转入水域的最主要来源，由耕地转入的水域占转入水域总面积的55.13%。耕地转为水域表现较为显著的地区包括南京高淳县，苏州昆山市、吴江市、常熟市，常州溧阳市、金坛县以及泰州兴化市等，这些区域主要是将耕地调整为坑塘水面，用于发展水产养殖(朱方林等，2017)。此外，耕地也是转入林地、草地的重要来源，这主要是实行退耕还林，因地制宜发展特色经济林等。还有部分耕地存在抛荒现象。

转入耕地分布较为明显的区域包括盐城市区、射阳县、大丰市、东台市等江苏沿海地区，而转入耕地的主要来源包括建设用地、水域和草地，由建设用地、水域和草地转入的耕地分别占转入耕地总面积的 33.55%、23.81%、21.65%，这主要是将沿海地区分布的滩涂、荒草地等通过土地开发等手段转变为耕地，并将一些不适宜居住的农村建设用地复垦为耕地。2008 年，江苏省实施“万顷良田”项目，通过对田、水、路、林、村进行综合整治，增加有效耕地面积，也使得徐州沛县，盐城市区、大丰市，淮安盱眙县等地部分林地转变为耕地，由林地转入的耕地占转入耕地总面积的 20.99%。

除耕地外，转入建设用地的主要来源还包括水域，由水域转入的建设用地占转入建设用地总面积的 5.87%，主要分布在南通市区、如东县、海门市、启东市，盐城大丰市、滨海县，连云港市区、赣榆县等江苏沿海地区以及苏州市区、吴江市、昆山市等环太湖地区。这主要是因为江苏省滨江临海，水资源丰富，港口、盐田等产业较为发达，是沿海地区经济社会发展的重要基础，而这些产业的发展往往需要占用一定面积的沿海滩涂等水域资源，导致沿海地区水域面积的减少。研究期内，苏州市区、吴江市、昆山市等环太湖地区的快速城镇化发展使得区域内建设用地供给压力较大，因此将一些废旧的水库坑塘复垦为建设用地用于城镇建设。此外，随着新型城镇化步伐的不断加快和产业结构转型升级的加速推进，一些低产低效、具有较大环境风险的盐田建设用地，通过“退盐转养”结构调整，转变为坑塘养殖水面（Wang et al., 2010；梁荣，2013），因此，水域也成为转出建设用地的一个重要去向，转为水域的建设用地占转出建设用地总面积的 44.02%。

同时，建设用地也是转出水域的主要去向以及转入水域的主要来源，转为建设用地的水域占转出水域总面积的 43.91%，由建设用地转入的水域占转入水域总面积的 16.87%。除此之外，草地也是转出水域的主要去向以及转入水域的主要来源，转为草地的水域占转出水域总面积的 32.50%，由草地转入的水域占转入水域总面积的 27.40%。其中，草地转为水域这一变化主要发生在盐城射阳县、大丰市、东台市以及南通如东县等江苏沿海地区，这些区域沿海滩涂和浅海的大部分地区适宜海水养殖，因此草地主要被用于开发为坑塘水面，用于水产养殖；水域转为草地也主要发生在盐城大丰市、东台市以及南通如东县等沿海地区，这主要是由于沿海地区互花米草的引种加快了潮滩沉积速率(陈一宁,2005；王爱军等,2006；Zhou et al.,2007)。从图 3-2(c)和(d)可以看出,江苏沿海地区草地和水域变化较为显著。

从图 3-2(b)可以看出,林地变化不明显,转出林地的主要去向除耕地外,还包括建设用地。转为建设用地的林地占转出林地总面积的 41.33%,仅次于转为耕地的比例(54.43%),主要分布在南京市区、溧水县和镇江句容市等江苏西南丘陵地区。这些区域林地资源相对较多,且城镇化发展速度快,旅游业较为发达,区域建设用地供需矛盾较为突出,因此将一些荒山林地开发为风景旅游用地等特殊用地,并且在勘查、开采矿藏和各项建设工程实施中,往往也会占用部分林地。此外,建设用地也是转入林地的主要来源,由建设用地转入的林地占转入林地总面积的 15.06%,仅次于由耕地转入林地所占比例(79.90%),主要是将部分矿山以及废旧农村建设用地复垦为林地,促进区域生态重建,提升生态环境质量。

土地利用动态度反映区域各种土地利用类型的变化程度,揭示土地利用变化的区域差异(刘纪远等,2009,2018)。结合表 3-1,分别计算研究区单一类型土地利用动态度和综合土地利用动态度。其中,综合土地利用动态度计算公式为:

$$K = \frac{\sum_{i=1}^{n} |S_{ib} - S_{ia}|}{2\sum_{i=1}^{n} S_{ia}} \times \frac{1}{T} \times 100\% \tag{3-2}$$

式中,K 表示研究期内综合土地利用动态度;S_{ib}、S_{ia} 分别表示研究期末和期初第 i 类土地利用类型的面积;T 为土地利用变化时间段;n 为土地利用类型数目。

单一类型的土地利用动态度计算公式为:

$$K_i = \frac{S_{ib} - S_{ia}}{S_{ia}} \times \frac{1}{T} \times 100\% \tag{3-3}$$

式中,K_i 表示研究期内第 i 类土地利用类型的动态度;S_{ib}、S_{ia} 分别表示研究期末和期初第 i 类土地利用类型的面积;T 为土地利用变化时间段。

通过计算得到2000—2015年江苏省不同土地利用类型土地利用动态度及综合土地利用动态度，具体如表3-2所示。

表3-2 2000—2015年江苏省土地利用动态度

土地利用类型	2000—2005年		2005—2010年		2010—2015年		2000—2015年	
	变化面积（公顷）	土地利用动态度（%）	变化面积（公顷）	土地利用动态度（%）	变化面积（公顷）	土地利用动态度（%）	变化面积（公顷）	土地利用动态度（%）
耕地	−150 314	−2.15	−430 753	−6.30	−788 73	−1.23	−659 942	−9.45
林地	6 784	2.00	−306 12	−8.83	−4 437	−1.40	−28 264	−8.31
草地	−18 893	−12.75	−31 038	−24.02	11 361	11.57	−38 568	−26.04
水域	62 807	3.95	52 242	3.16	−41 515	−2.44	73 535	4.63
建设用地	99 617	6.79	439 713	28.08	113 682	5.67	653 010	44.54
未利用地	−1	−0.06	448	27.37	−218	−10.46	229	13.98
综合土地利用动态度	1.29%		3.74%		0.95%		5.52%	

从表3-2可以明显看出，2005—2010年是江苏省土地利用变化最为显著的时间段，这一时期土地利用动态度为3.74%，远远高于2000—2005年和2010—2015年两个时间段。2005—2010年间，耕地、林地、草地面积均呈现较大幅度减少，减少面积分别为430 753公顷、30 612公顷、31 038公顷，动态度分别为−6.30%、−8.83%、−24.02%。耕地转水域、耕地转建设用地、林地转耕地、林地转建设用地、草地转耕地、草地转水域、水域转建设用地、建设用地转耕地、建设用地转水域是这一时期主要的土地利用变化方向。2010—2015年，林地减少幅度大幅下降，动态度为−1.40%。2000—2005年，为保护生态环境，提高林木覆盖率，部分荒草地被开发为林地，使得林地面积有一定幅度的增加，但是2005年以后因土地整治补充耕地需要，荒草地主要被开发为耕地和水库坑塘、沟渠等水域。

此外，2000—2005年、2005—2010年、2010—2015年三个时间段里，均有一定数量的水域转为建设用地且转换幅度不断提升，主要分布在盐城射阳县、大丰市、东台市，南通如东县，连云港市区等江苏沿海地区，由此可见江苏省临港产业的快速发展。建设用地转耕地和水域也主要发生在上述沿海地区，尤以 2005—2010 年的转换最为明显，这主要是由于沿海地区人口迁移促使建设用地复垦成耕地、水库坑塘、沟渠等，以实现补充耕地的任务，并推动沿海地区的农业产业发展。

2. 土地利用特征

(1) 耕地面积比例高，且呈现不断减少趋势

2015 年江苏省耕地面积为 6 322 374 公顷，占全省耕地总面积的 60.06%，是江苏省最主要的土地利用类型。江苏省耕地主要集中分布在北部地区及沿海地区，南部地区尤其是苏(州)(无)锡常(州)耕地面积较少且分布较为零散。2000—2015 年，江苏省耕地共减少 659 942 公顷，其中耕地转出 754 454 公顷，转入 94 512 公顷。建设占用耕地 650 210 公顷，是耕地减少的主要原因。此外，耕地主要转变为沟渠、水库坑塘等水域，表明耕地呈现一定程度的退化趋势。耕地增加主要是由于建设用地复垦、林草地开发利用以及滩涂围垦等。减少的耕地主要分布在城市中心地带及周边地区，苏南地区(包括南京、苏州、无锡、常州、镇江五市)耕地减少趋势更为显著，十五年间耕地共转出 389 281 公顷，占耕地转出总面积的 51.59%。

(2) 建设用地快速扩张，土地开发强度高

2000—2015 年，江苏省建设用地共增加 653 010 公顷，其中建设用地转入 717 995 公顷，转出 64 985 公顷，是期间变化最为显著的土地利用类型，动态度为 44.54%。其中，2005—2010 年是建设用地扩张最为显著的时段，该期间内，建设用地共增加 439 713 公顷，占建设用地增加总面积的 67.34%。江苏南部地区的建设用地扩张速度明显高于中北部地区，2000—2015 年苏南地区建设用地共增加 319 110 公顷，占建设用地增加总面积的 48.87%。2015 年，江苏省建设用地面积为 2 119 236 公顷，占陆域国土面积的 20.13%，土地开发强度高。苏南地区土地开发度则已高达 25.32%，超出《江苏省主体功能区规划》中确定的 2020 年土地开发强度 22%。

(3) 土地利用程度高，耕地后备资源有限

2000—2015 年，耕地转入主要来源于建设用地和水域，究其原因，主要是通过城镇工矿复垦利用、农村居民点拆迁复垦、滩涂围垦等土地整治手段新增的耕地。另外，林草地开发利用也增加了部分耕地。但是，经过十余年土地整治项目的实施，全省可供开发利用的耕地后备资源逐年减少。据江苏省耕地后备资源调查结果分析，2016—2020 年全省耕地后备资源总量为 12.17 万公顷，而且耕地后备资源主要集中在沿海滩涂区域，滩涂围垦开发具有难度大、成本高、形成高产稳产耕地周期长的特点，因此全省耕地占补平衡压力很大。

(4) 林草地面积减少，生态空间保护面临挑战

2000—2015 年，江苏省林地面积共减少 28 264 公顷，草地面积共减少 38 569 公顷，动态度分别为－8.31%和－26.04%。林草地的减少主要是被开发为耕地用于耕地占补平衡，或者是退化为水域。相较于 2005—2010 年，2010—2015 年全省林地面积减幅有所下降，草地面积甚至有所增加。但是 2010—2015 年，水域面积则开始出现缩减，其间共减少 41 513 公顷，主要转变为耕地、建设用地等，用于沿海地区农业发展和临港产业发展。受农业空间和城镇空间发展的影响，生态空间已经开始缩减和退化，生态用地在不同阶段呈现不同程度的减少趋势，由此有可能引发生态系统功能的退化，生态环境保护面临严峻挑战。

3.2 数据来源与处理

本研究采用的数据主要包括三类，分别是：(1) 空间数据，主要包括土地利用数据、遥感数据、气象数据、土壤数据以及道路、兴趣点等；(2) 统计数据，主要包括人口、产值、粮食产量等社会经济统计数据；(3) 参考文献数据，主要包括计算指标中设置的相关参数。具体使用数据及来源见表 3－3。

表 3－3　研究中使用的数据及其来源说明

数据类型	数据产品	来　源	时间断面	空间分辨率	备　注
土地利用数据	土地利用现状遥感监测数据	中国科学院资源环境科学数据中心 http://www.resdc.cn/	2000,2005,2010,2015	1∶10 万	
遥感影像数据	Landsat4 TM、Landsat 8 OLI_TRIS	地理空间数据云 http://www.gscloud.cn/	2000,2005,2010,2015	30 m×30 m	
DEM	ASTER GDEM V2 版		2009	30 m×30 m	
NDVI	MYDND1M 中国 500M NDVI 月合成产品		2000,2005,2010,2015	500 m×500 m	
NPP	MOD17A3	美国国家海洋和大气管理局 http://www.noaa.gov/	2000,2005,2010,2015	1 km×1 km	
潜在蒸散量	MOD16A3		2000,2005,2010,2015	500 m×500 m	
叶面积指数	MOD15A2		2000,2005,2010,2015	1 km×1 km	
夜间灯光数据	Version 4 DMSP-OLS Nighttime Lights Time Series		2000,2005,2010,2015	1 km×1 km	

续 表

数据类型	数据产品	来　源	时间断面	空间分辨率	备　注
降水量	江苏农业基本气象资料月值数据集	中国气象局气象数据中心 http://www.cma.gov.cn/	2000,2005,2010,2015	气象站点	
土壤数据	全国第二次土壤普查数据集	中国土壤数据库 http://vdb3.soil.csdb.cn/	1990 s	1∶100 万	
道路数据	江苏省道路矢量数据	国家地球系统科学数据共享服务平台 http://www.geodata.cn/	1996,2002,2008,2015	1∶25 万	
江苏省休闲游憩区域数据	江苏省自然保护区空间数据		2013	1∶25 万	
	江苏省风景名胜区及国家地质公园空间分布数据		2013	1∶25 万	
社会经济数据	江苏省省统计年鉴	江苏省统计局 http://www.jssb.gov.cn/	2000,2005,2010,2015	县级	包括人口、经济产值、粮食产量等
参考文献数据	根系深度、生境胁迫因子及不同生境类型对胁迫因子的敏感度等	Sharp et al.,2011；傅斌等,2013；吴健生等,2015,2017	—	土地利用/覆被类型	

其中，土地利用数据底图来自 2000 年以来的 Landsat TM 数字图像、航测地形图、辅助历史资料等，数据处理时首先对遥感数据进行融合增强、几何纠正，然后进行人工交互式目视解译并进行精度检验，最后将各幅图像进行拼接处理、空间位置配准，土地利用类型评价精度达到 90%以上（刘纪远等，2009，2018）。在进行指标计算时，研究将 1∶10 万土地利用矢量数据转为 1 km×1 km 格网数据进行运算。同时，为便于数据处理与计算，研究借助 ArcGIS 10.2 平台，将所有空间数据统一行政区边界（2015 年）、地图投影（高斯-克吕格投影）和地理坐标系统（1980 年西安坐标系）。

第四章　土地利用功能时空变化特征分析

4.1　土地利用功能定量评价

4.1.1　土地利用功能评价指标体系

土地利用功能评价指标体系的构建是土地利用功能评价及其权衡研究的基础，不同土地利用功能表现出具有差异的供给和服务能力。结合第二章 2.2.1 节中提出的土地利用功能分类框架，研究进一步选取适宜的指标表征各项二级土地利用功能，以此形成土地利用功能评价指标体系（表 4－1），各项土地利用功能表征指标的计算具体见本章 4.1.2 节。各项二级土地利用功能表征指标选取依据说明具体如下。

1. **农业生产功能评价指标**

粮食供给主要反映农业空间中以耕地为基础的农业生产提供人类粮食、保障人类基本生存的能力。因此，研究选取粮食产量这一指标直接表征粮食供给功能。

水产品供给主要反映农业空间中以水域为基础的渔业生产提供人类鱼、虾、蟹、贝等水产品及其加工品，以保障人类营养需求的能力。因此，研究选取水产品产量这一指标直接表征水产品供给功能。

2. **城镇生活功能评价指标**

居住承载和经济发展主要反映城镇空间中以建设用地为重要支撑的生活功能。其中，居住承载功能主要表现为城镇生活系统提供人类居住空间的能力，故采用人口密度指标予以表征；经济发展功能主要反映城镇生活系统保障区域经济社会发展的能力，故采用二三产业产值指标予以表征。

交通承载主要反映维持区域生活系统运行的道路交通体系提供人类日常出行保障的能力。区域内道路交通体系由不同功能、等级、区位的道路组成，路网密度是评价区域道路交通承载能力及其合理性的基本指标，故采用路网密度表征交通承载功能。

文化服务被认为是人们通过精神丰富、认知发展、娱乐和审美体验从生态系统中获得的非物质利益（MEA，2003；Daniel et al.，2012），主要涉及在日常生活中以体验自然为唯一目的的旅游以及散步、短途骑行等户外活动。本研究参照现有研究（Paracchini et al.，2014；Nahuelhual et al.，2017），选取游憩潜力表征文化服务功能。

3. 生态维持功能评价指标

水源涵养主要表现在拦蓄降水、调节径流、净化水质等方面，同时对改善区域水文状况、调节区域水分循环也起着关键作用（Sharp et al.，2011；陈姗姗等，2016），反映了区域水资源供给与保障的能力，采用水源涵养量指标予以表征。

土壤保持功能主要表现为增加土壤抗蚀性，从而减少土壤流失，保持土壤养分的能力。土壤保持能力与其结构密切相关，同时受区域气候条件、地形地貌、土壤类型、植被覆盖以及人为干扰等众多因素的影响（陈龙等，2012），故研究选取土壤保持量予以表征。

气候调节主要是通过植被吸收和固定二氧化碳，降低大气中二氧化碳浓度及其增加速度，从而起到减缓气候变暖趋势的调节作用（杨一鹏等，2013；Fang et al.，2018），主要反映调节区域气候变化的能力，采用碳储量指标予以表征。

生物多样性主要涉及生境或植被的类型、数量等，可以通过评估某一地区各种生境类型或植被类型的范围和这些类型各自的退化程度来表达，反映生态系统能够提供给物种生存繁衍栖息所需条件的能力（Sharp et al.，2011），故采用生境质量予以表征。

洪水调蓄功能是人类从生态系统中获得的重要效益之一，反映了生态系统降低强降水洪水灾害的能力，具体是指特定区域保留雨水和减少径流的能力，取决于当地的土壤、土地利用和地形(Stürck et al., 2014)。因此，研究选取洪水调蓄量表征洪水调节功能。

防风固沙是生态系统通过其结构与过程减少由于风蚀所导致的土壤侵蚀的作用(张彪等，2019；彭婉月等，2020)，主要与风速、土壤、地形和植被等因素密切相关。因此，研究选取防风固沙量表征防风固沙功能。

表 4-1 土地利用功能评价指标体系

一级功能	二级功能	评价指标	指标释义	单位	权重
生产功能	粮食供给	粮食产量	生产及提供人类粮食的能力	吨	0.6
	水产品供给	水产品产量	生产及提供人类水产品的能力	吨	0.4
生活功能	居住承载	人口密度	提供人类居住空间的能力	人	0.3
	经济发展	地均二三产业产值	提供人类经济保障的能力	万元	0.3
	交通承载	路网密度	提供人类交通服务的能力	km/km^2	0.2
	文化服务	游憩潜力指数	提供人类休闲游憩服务的能力	—	0.2
生态功能	水源涵养	水源涵养量	提供人类水资源保障的能力	mm	0.2
	土壤保持	土壤保持量	提供人类土壤保持服务的能力	吨	0.1
	气候调节	碳储量	提供人类气候调节服务的能力	Mg	0.2
	生物多样性保护	生境质量	提供人类生物多样性保护的能力	—	0.2
	洪水调蓄	洪水调蓄量	提供人类洪水调蓄服务的能力	m^3	0.2
	防风固沙	防风固沙量	提供人类防风固沙服务的能力	吨	0.1

4.1.2 土地利用功能定量评价

基于 ArcGIS 10.2 平台，研究建立覆盖江苏省的 1 km 矢量格网，并以 1 km 格网为基础研究单元，采用 InVEST、RUSLE、统计数据空间化以及其他地理空间模型等方法定量测度 2000 年、2005 年、2010 年、2015 年四个时间断面下各项土地利用功能指标值。其中，统计数据空间化是以行政区统计数据为基础，采用与其相关的精细（格网）指标数据和模型方法，反演一定时间、空间中的统计数据空间分布状态的过程，其实质是在区域范围内建立连续分布的数据。各项二级土地利用功能指标具体评价方法如下。

1. 农业生产功能

(1) 粮食供给功能

植被净初级生产力（Net Primary Production，NPP），是指陆地植被在单位时间、单位面积内，通过光合作用产生的有机物质总量减去自身呼吸消耗后的实际剩余有机物质总量。它反映了植被群落在自然环境中生产有机物的能力，能够直接反映耕地的现实生产能力，并且为不同作物生产能力提供一个统一的衡量标准（任建强等，2006；Patel et al.，2010；Peng et al.，2014；冀咏赞等，2015；商令杰，2018；洪长桥，2018）。此外，使用 NPP 表征粮食产能（量），能够避免用作物产量衡量耕地生产力时作物品种变化、农业结构调整等的干扰，并且为实现粮食作物产量空间化提供了有效途径。因此，研究首先基于研究区 1 km 矢量格网，结合土地利用矢量数据，提取耕地矢量图层；然后采用 ArcGIS 空间分析工具，输入覆盖整个研究区的 NPP 数据，以耕地矢量图层作为掩膜，提取与耕地图层相交的 NPP 格网图层；以此为基础，结合基于行政区的粮食产量统计数据，定量测算格网尺度下粮食作物产量，综合表征研究单元生产功能。具体计算公式如下：

$$Gy_{ij} = \frac{NPP_{ij}}{NPP_j} \times Gy_j \tag{4-1}$$

式中，Gy_{ij}、NPP_{ij} 分别表示 j 县第 i 个格网的粮食产量和 NPP，Gy_j、NPP_j 分别表示 j 县粮食总产量和总 NPP。

(2) 水产品供给功能

研究结合行政区尺度的水域面积数据以及统计年鉴中的水产品产量数据，综合测算研究区 1 km 格网尺度下水产品产量，实现水产品产量空间化，以此表征水产品供给功能。具体计算公式如下：

$$Fy_{ij} = \frac{Fa_{ij}}{Fa_j} \times Fy_j \quad (4-2)$$

式中，Fy_{ij}、Fa_{ij} 分别表示 j 县第 i 个格网的水产品产量和水域面积，Fy_j、Fa_j 分别表示 j 县水产品总产量和水域总面积。

2. 城镇生活功能

(1) 居住承载功能

目前，人口数据都是以行政区为单元，通过统计、普查、逐级汇总获得，无法表达区域内部格网尺度的人口空间差异。因此，有必要将人口数据进行空间化，以满足格网尺度土地利用功能量化表达和研究的需要。人口数据空间化是指将以行政区域为单元的人口统计数据按照一定的原则，采用某种技术手段合理地分配到一定尺寸的规则地理格网上的过程，以便将这些经济社会统计数据与自然生态数据进行交叉分析。

LandScanTM 全球人口分布模型是一种多层次、对称的空间建模方法，它使用空间数据和图像分析技术以及多变量 dasymetric 建模方法来分解行政边界内的人口普查计数。由于没有一个单一的人口分布模型能够解释空间数据可用性、质量、规模和准确性的差异以及文化定居实践的差异，因此，LandScanTM 人口分布模型是根据每个国家和地区的数据条件及地理性质而定制的。美国橡树岭国家实验室 LandScanTM 全球人口分布数据分辨率约为 1 km，是可用的分辨率最好的全球人口分布数据。因此，本研究直接采用该数据集提取研究区内 1 km 格网尺度下的人口分布数据，表征区域居住承载功能。

(2) 经济发展功能

GDP 数据是以行政区为单元，通过统计、普查、逐级汇总获得，无法表达区域内部格网尺度的经济发展空间差异。因此，研究需要将区域尺度的 GDP 数据进行空间化，以满足格网尺度土地利用功能量化表达和研究的需要。

基于 GIS、遥感数据和技术，将不同方法相结合是提高 GDP 空间化模型精度的一种潜在的有效途径（Sutton et al.，2007；韩向娣等，2012；Chen et al., 2016)。全国较大尺度GDP数据空间化一般采用基于土地利用数据的建模估算,但是这种方法无法显示相同土地利用类型中GDP密度的差异。已有研究表明,夜间灯光数据具有明确的空间信息和强度变化信息,可以反映较大范围的GDP密度(尤其是二三产业产值密度)差异(韩向娣等,2012; Chen et al., 2016)。因此,本研究采用将土地利用数据与DMSP/OLS夜间灯光数据结合的方法,以行政区二三产业产值统计数据为基础,建立格网尺度的二三产业产值空间化模型,实现二三产业产值统计数据的空间化。具体计算方法如下。

——提取夜间灯光参数。从DMSP/OLS夜间灯光数据中提取三个参数,分别为灯光强度、灯光区以及非灯光区。其中灯光强度为稳定灯光数据的value值;稳定灯光数据进行二值化后,value值大于0的即为灯光区,value值等于0的即为非灯光区。

——基于土地利用类型分县进行灯光参数统计。二三产业产值主要与建设用地对应或者相关性较好(韩向娣等,2012),因此,研究提取土地利用类型中的建设用地数据,并以建设用地所包含的城镇用地、农村居民点和其他建设用地三种二级土地利用类型为基础,将三种灯光参数数据与三类土地利用数据叠加,以县级行政区为基本单元,通过ArcGIS区域统计求和功能,以县级行政区边界为分类项,分别统计计算每个县域中三种土地利用类型的三个灯光参数数据值,得到不同的土地利用参数集,分别记为LR(灯光区)、UR(非灯光区)、IR(灯光强度)。然后,根据每个格网中不同土地利用类型所占的比例分配该格网的灯光参数数据。具体计算过程为:

$$Index_{ij}=P_{ij}\times Index_{i},\text{其中}\sum_{i=1}^{3}P_{ij}=1 \tag{4-3}$$

式中,$Index_{ij}$为第i个格网中第j种土地利用类型的灯光参数,P_{ij}为第i个格网中第j种土地利用类型的面积比例,$Index_{i}$为第i个格网的灯光参数,$Index$可以为LR、UR或者IR。

——建立统计回归模型。具体人口和GDP数据空间化建模方法如下:

$$Data_{k}=\sum_{j=1}^{3}(a_{jk}\times LR_{jk}+b_{jk}\times UR_{jk}+c_{jk}\times IR_{jk}) \tag{4-4}$$

式中，$Data_k$ 表示 k 县二三产业产值，LR_{jk}、UR_{jk}、IR_{jk} 分别表示第 k 个县第 j 种土地利用类型的灯光区之和、非灯光区之和、灯光强度之和，a_{jk}、b_{jk}、c_{jk} 分别表示第 k 个县第 j 种土地利用类型三个灯光参数对应的权重值。

回归过程采用 SPSS 软件进行处理，具体使用 Stepwise 逐步回归法。在建立多元回归方程的过程中，按照偏相关系数的大小次序将自变量逐个引入方程，然后进行统计检验（t 检验在 0.05 水平上显著），保留检验效果显著的自变量，最终得到最优回归方程和相应的权重值。

——二三产业产值数据空间化。基于已得到的分县二三产业产值最优回归模型，将二三产业产值数据按模型分别分配到每个格网。然后，进一步分别以县级行政区二三产业产值统计数据为基础，对回归得到的二三产业产值空间化数据进行线性调整，使得统计数据空间化的误差仅分布在县级行政区内部。具体调整方法为：

$$GDP_{23i}{}' = GDP_{23i} \times \frac{GDP_{23j}{}'}{GDP_{23j}} \tag{4-5}$$

式中，$GDP_{23i}{}'$ 为第 i 个格网调整后的二三产业产值；GDP_{23i} 为回归预测得到的第 i 个格网的二三产业产值；$GDP_{23j}{}'$ 为第 i 个格网所在 j 县的二三产业总产值；GDP_{23i} 为回归预测得到的第 i 个格网所在 j 县的二三产业总产值。

(3) 交通承载功能

区域交通网络体系是由不同功能、等级、区位的道路，以一定的密度和适当的形式组成。路网密度是指一定区域内，道路的总里程与区域总面积之比，从长度上描述了不同区域的道路发展水平。具体计算公式如下：

$$Rd_i = \frac{L_i}{A_i} \tag{4-6}$$

式中，Rd_i 表示第 i 个格网单元的路网密度，L_i、A_i 分别表示第 i 个格网单元中的道路总里程、格网单元的总面积。

(4) 文化服务功能

游憩潜力主要是通过与人们行为有特定联系的要素来测度的，主要包括三个要素:一是自然价值,其被认为是人类对自然区域偏好的表征;二是是否属于公共休闲游憩的区域;三是水域吸引力。

——自然价值。它可以用自然性程度予以表征(Wrbka et al., 2004; Fu et al., 2006; Walz et al., 2014),用以衡量人类对景观和植物的影响。自然性程度取值范围为1～7,其中,1表示自然性程度低,受人类活动影响较大;7表示自然性程度高,几乎不受人类活动干扰。结合已有参考文献(李迈和,2002; Walz et al., 2014),研究以土地利用/覆被类型二级分类为对象,设定不同土地利用/覆被类型的自然性程度(表4-2)。

表4-2　不同土地利用/覆被类型自然性程度

土地利用/覆被类型	自然性程度	土地利用/覆被类型	自然性程度
水田	2	河渠	—
旱地	2	湖泊	—
有林地	7	水库坑塘	—
灌木林	6	滩涂	—
疏林地	5	滩地	—
其他林地	3	城镇用地	1
高覆盖度草地	6	农村居民点	1
中覆盖度草地	4	其他建设用地	1
低覆盖度草地	3	裸土地	1
		裸岩石砾地	1

——休闲游憩区域。它是指具有较高休闲游憩价值的区域,就研究区江苏省而言,主要包括以下三个方面要素:一是自然保护区,涉及内陆湿地、森林生态、野生动物等保护区域;二是风景名胜保护区;三是国家地质公园,具体空间分布见图4-1。研究将公共休闲游憩区值设定为1,其他区域设定为0。

——水域吸引力。与水有关的休闲游憩活动被认为是水域对周边地区的吸引力(Paracchini et al., 2014)。增加水域吸引力的因素有很多,包括沿海形态、水质、港口码头和设备齐全的海滩等基础设施的影响。然而,可以确认的是,随着距海岸距离的增加,水域吸引力逐渐降低,在水域附近或者

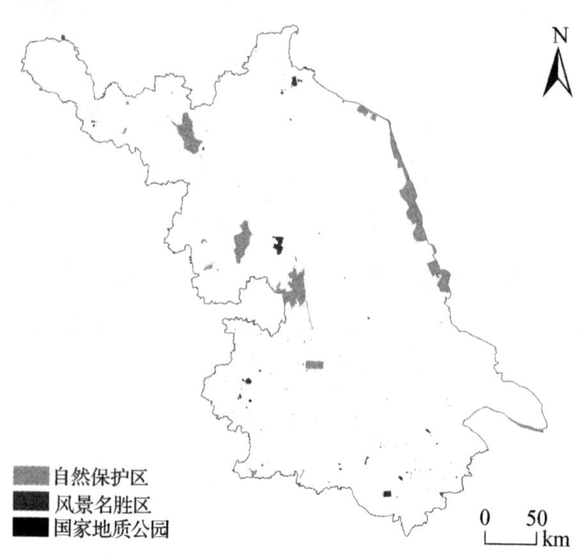

图 4-1 江苏省休闲游憩区空间分布图

一个可以发现休闲游憩设施(包括避暑别墅)的缓冲区内,水域吸引力很高(Paracchini et al., 2014)。根据土地利用类型图,可以提取不同时点的江河湖海岸线,S 形阻抗函数可被用于计算吸引力(Kwan, 1998; Van Wee et al., 2001)。计算公式如下:

$$f(d)=\frac{1+K}{K+e^{\alpha\cdot d}} \tag{4-7}$$

式中,d 表示距岸线的距离;α 和 K 分别表示函数的大小和形状参数,分别设置为 0.003 5 和 150,表示中间距离的吸引力减半。

需要说明的是,保护区内的海岸线已被确定为游憩供给的附加价值,在这种情况下,阻抗系数不适用,2 km 缓冲区的权重等于 1。将计算后得到的水域吸引力值进行极值标准化,使得其取值范围在 0 到 1 之间。

研究分别将自然度、是否属于公共休闲游憩区以及水域吸引力三个参数进行指标标准化处理,标准化后取值范围均在 0～1 之间。游憩潜力指数即为自然度、是否属于公共休闲游憩区以及水域吸引力三个参数标准化值的加和平均值,取值范围在 0～1 之间。

3. 生态维持功能

(1) 水源涵养功能

InVEST 模型——生态系统服务和权衡的综合评估模型（Integrated Valuation of Ecosystem Services and Trade-offs）是美国斯坦福大学、大自然保护协会（TNC）与世界自然基金会（WWF）联合开发的，旨在通过模拟不同土地覆被情景下生态服务系统物质量和价值量的变化，为决策者权衡人类活动的效益和影响提供科学依据。研究采用 InVEST 模型中产水量模块定量评估产水量。该模块是根据水量平衡原理，通过降水、植物蒸腾、地表蒸发、根系深度和土壤深度等参数计算得到区域生态系统的产水量（Leh et al.，2013；包玉斌等，2016；王鹏涛等，2017；Peng et al.，2018）。具体计算公式如下：

$$WY_{ij} = P_i - ET_{ij} \tag{4-8}$$

式中，WY_{ij} 为第 j 种土地利用类型上第 i 个格网单元的年产水量；P_i 为第 i 个格网单元的年平均降雨量，ET_{ij} 为第 j 种土地利用类型上第 i 个格网单元的年平均蒸散量，计算公式如下：

$$ET_{ij} = \frac{1 + \omega_i R_{ij}}{1 + \omega_i R_{ij} + \dfrac{1}{R_{ij}}} \times P_i \tag{4-9}$$

式中，R_{ij} 为第 j 种土地利用类型上第 i 个格网单元潜在蒸发量与降雨量的比值，无量纲，由计算公式（4－10）得到；ω_i 为第 i 个格网单元修正植被年可利用水量与降水量的比值，无量纲，由计算公式（4－11）得到。

$$R_{ij} = \frac{k \times PET_{ij}}{P_i} \tag{4-10}$$

式中，k 为植被系数，可由植被叶面积指数 LAI 计算得到；PET_{ij} 为潜在蒸散量，单位为 mm。

$$\omega_i = Z\frac{AWC_i}{P_i} \tag{4-11}$$

式中，Z 为 zhang 系数，是表征降水季节性特征的一个常数，研究根据模型测试经验取默认值；AWC_i 为植被有效可利用水，计算公式为：

$$AWC_i = \min(\max SoilDepth_i, RootDepth_i) \times PWAC_i \quad (4-12)$$

式中，$\max SoilDepth_i$ 为最大土壤深度；$RootDepth_i$ 为根系深度；$PWAC_i$ 为植被可利用水，计算公式为：

$$\begin{aligned} PWAC_i = {} & 54.509 - 0.132\, sand - 0.003(sand)^2 - 0.055\, silt - 0.006(silt)^2 \\ & - 0.738\, clay + 0.007(clay)^2 - 2.688\, OM + 0.501(OM)^2 \end{aligned} \quad (4-13)$$

式中，$sand$ 为土壤砂粒含量(%)，$silt$ 为土壤粉粒含量(%)，$clay$ 为土壤黏粒含量(%)，OM 为土壤有机质含量(%)。

基于 In*VEST* 模型获得产水量后，再利用地形指数、土壤饱和导水率和流速系数对产水量进行修正，获得水源涵养量，具体计算方法为：

$$Retention = \min\left(1, \frac{249}{Velocity}\right) \times \min\left(1, \frac{0.9 \times TI}{3}\right) \times \min\left(1, \frac{Ksat}{300}\right) \times WY_{ij} \quad (4-14)$$

式中，$Retention$ 为水源涵养量；$Ksat$ 为土壤饱和导水率，利用 *NeuroTheta* 软件计算得出；$Velocity$ 为流速系数；TI 为地形指数，根据式(4-15)计算得出；WY_{ij} 为产水量。

$$TI = \lg\left(\frac{Drainage\_Area}{Soil\_Depth \times Percent\_Slope}\right) \quad (4-15)$$

式中，$Drainage\_Area$ 为集水区栅格数量，无量纲；$Soil\_Depth$ 为土壤深度(mm)；$Percent\_Slope$ 为百分比坡度。

(2) 土壤保持功能

采用修正的通用土壤流失模型——RUSLE 模型(Wischmeier & Mannering, 1969)开展土壤保持功能评价，其具体计算公式如下：

$$A_c = A_p - A_r = R \times K \times L \times S \times (1 - C \times P) \quad (4-16)$$

式中，A_c 为土壤保持量；A_p 为潜在土壤侵蚀量；A_r 为实际土壤侵蚀量；R 为降雨侵蚀力因子；K 为土壤可蚀性因子；L、S 为地形因子，L 表示坡长因子，S 表示坡度因子；C 为植被覆盖因子；P 为水土保持措施因子。

——降雨侵蚀力因子 R：指降雨引发土壤侵蚀的潜在能力。研究采用 Wischmeier & Mannering(1969)提出并经 Arnoldus(1980)修正的利用月平均降雨量和年平均降雨量来推求 R 值，具体计算公式如下：

$$R=\sum_{i=1}^{12}1.735\times 10^{\left(1.5\lg\frac{pi^2}{p}-0.8188\right)} \tag{4-17}$$

式中，p_i 为各月平均降水量；p 为年降水量。

——土壤可蚀性因子 K：指土壤对侵蚀营力分离和搬运作用的敏感性，主要与土壤质地、有机质含量、土体结构、渗透性等土壤理化性质有关。研究利用 Williams 等(1996)在 EPIC 模型中使用的计算方法计算并修正 K 值，具体计算公式为：

$$K=(-0.01383+0.51575\,K_{EPIC})\times 0.1317 \tag{4-18}$$

$$\begin{aligned}K_{EPIC}=&\{0.2+0.3\exp[-0.0256\,ms(1-m_{silt}/100)]\}\times\\&[m_{silt}/(mc+m_{silt})]^{0.3}\times\{1-0.25\,orgC/[orgC+\\&\exp(3.72-2.95\,orgC)]\}\times\{1-0.7(1-ms/100)/\\&\{(1-ms/100)+\exp[-5.51+22.9(1-ms/100)]\}\}\end{aligned} \tag{4-19}$$

式中，K_{EPIC} 表示修正前的土壤可蚀性因子；K 表示修正后的土壤可蚀性因子；m_c、m_{silt}、m_s 和 $orgC$ 分别为黏粒(<0.002 mm)、粉粒(0.002 mm～0.05 mm)、砂粒(0.05 mm～2 mm)和有机碳的百分比含量(%)。

——地形因子 L、S：L 表示坡长因子，S 表示坡度因子，是反映地形对土壤侵蚀影响的两个因子。

——植被覆盖因子 C：反映了生态系统对土壤侵蚀的影响，是控制土壤侵蚀的积极因素。根据《生态保护红线划定指南》中的相关规定，水田、湿地、城镇和荒漠分别赋值为 0、0、0.01 和 0.7。旱地按植被覆盖度换算，计算公式如下：

$$C_{旱}=0.221-0.595\ \log c_1 \quad (4-20)$$

式中，$C_{旱}$为旱地的植被覆盖因子，c_1为小数形式的植被覆盖度。其余生态系统类型按不同植被覆盖度进行赋值，如表 4－3 所示。

表 4－3　不同生态系统类型植被覆盖因子赋值

生态系统类型	植被覆盖度					
	<10	10～30	30～50	50～70	70～90	>90
森林	0.1	0.08	0.06	0.02	0.004	0.001
灌丛	0.4	0.22	0.14	0.085	0.04	0.011
草地	0.45	0.24	0.15	0.09	0.043	0.011
乔木园地	0.42	0.23	0.14	0.089	0.042	0.011
灌木园地	0.4	0.22	0.14	0.087	0.042	0.011

(3) 气候调节功能

InVEST 模型碳储量模块将生态系统的碳储量划分为四个基本碳库：地上生物碳（土壤以上所有存活的植物材料中的碳）、地下生物碳（存在于植物活根系统中的碳）、土壤碳（分布在有机土壤和矿质土壤中的有机碳）、死亡有机碳（凋落物、倒立或站立的已死亡树木中的碳）。根据土地利用/覆被分类情况，分别计算统计不同地类地上碳库、地下碳库、土壤碳库和死亡有机碳库的平均碳密度，进而得出不同研究单元的碳储量。具体计算方法如下：

$$C_{total}=C_{above}+C_{below}+C_{soil}+C_{dead} \quad (4-21)$$

式中，C_{total} 为某种土地利用/覆被地类总碳储量；C_{above} 为地上部分碳储量；C_{below} 为地下部分碳储量；C_{soil} 为土壤碳储量；C_{dead} 为死亡有机碳储量。

研究根据 InVEST 模型用户手册，结合 IPCC(2006)碳库得到不同土地利用类型的碳密度表（表 4－4）。

表 4-4　不同土地利用/覆被类型碳密度　　单位：t/hm²

土地利用/覆被类型	地上碳密度	地上碳密度	土壤碳密度	死亡有机物碳密度
水田	5	2	10	0
旱地	3	2	10	0
有林地	130	80	100	40
灌木林	75	45	85	20
疏林地	10	8	30	3
其他林地	7	3	20	1
高覆盖度草地	6	6	20	2
中覆盖度草地	3	2	15	1
低覆盖度草地	1	1	10	0
河渠	0	0	0	0
湖泊	0	0	0	0
水库坑塘	0	0	0	0
滩涂	0	0	0	0
滩地	0	0	0	0
城镇用地	2	1	5	0
农村居民点	5	3	20	0
其他建设用地	0	0	0	0
裸土地	0	0	0	0
裸岩石砾地	0	0	0	0

(4) 生物多样性保护

研究采用 InVEST 模型定量测度区域生境质量并实现其空间化表达，InVEST 模型生境质量模块主要由四个因素组成，分别为：(a) 每一种威胁的相对影响；(b) 每一种生境类型对每一种威胁的相对敏感性；(c) 格网单元与威胁之间的距离；(d) 单元受到合法保护的程度。由于研究区土地法律保护工作比较到位，因此研究中生境质量评估主要考虑前三个因素的影响。具体计算公式为：

$$Q_{ij}=H_j\left(1-\left(\frac{D_{ij}^z}{D_{ij}^z+k^z}\right)\right) \tag{4-22}$$

式中，Q_{ij} 为第 j 种土地利用类型上第 i 个格网生境质量指数；H_j 为第 j 种土地利用类型的生境适宜性；k 为半饱和常数；D_{ij} 为第 j 种土地利用类型

上第 i 个格网的生境退化水平，计算公式为：

$$D_{ij} = \sum_{r=1}^{R} \sum_{k=1}^{K_r} \left(\frac{\omega_r}{\sum_{r=1}^{R} \omega_r} \right) r_k a_{rik} \beta_i S_{jr} \quad (4-23)$$

式中，R 为胁迫因子个数，ω_r 为胁迫因子 r 的权重，K_r 为胁迫因子层在土地利用/覆被层上的格网数，r_k 为土地利用/覆被层每个格网上胁迫因子的个数，β_i 为土地受法律保护程度，S_{jr} 为第 j 种土地利用类型对胁迫因子 r 的敏感性。

建设用地是土地利用/覆被类型中人类活动最集中的体现，最直接地反映了人类活动对生境质量的威胁。裸地等未利用地植被覆盖度极低，环境条件较为恶劣。因此，研究将建设用地和未利用地设定为非生境，耕地、林地、草地和水域等设定为生境。同时，参考已有研究（吴健生等，2017；刘智方等，2017）和 InVEST 模型指导手册（Sharp et al.，2011），并结合对地理学、生态学等领域专家访谈所收集的建议，选取铁路、高速公路、主要道路、次要道路以及建设用地和未利用地作为胁迫因子，并对各胁迫因子的最大胁迫距离、权重以及不同生境类型对胁迫因子的敏感性进行设置，具体见表 4-5 和表 4-6。

表 4-5　胁迫因子及其最大胁迫距离和权重

胁迫因子	最大胁迫距离(km)	权重
铁路	6	0.5
高速铁路	8	0.5
主要道路	9	0.6
次要道路	5	0.4
建设用地	10	1.0
未利用地	3	0.2

表 4-6　不同生境类型对不同胁迫因子的敏感性

生境类型	生境适宜性	铁路	高速铁路	主要道路	次要道路	建设用地	未利用地
耕地	0.5	0.3	0.3	0.2	0.1	0.4	0.1
林地	1.0	0.7	0.7	0.6	0.5	0.8	0.4
草地	0.7	0.4	0.4	0.3	0.2	0.6	0.2
水域	0.9	0.8	0.8	0.7	0.6	0.9	0.3

(5) 洪水调蓄功能

参照已有研究(Li et al., 2018; Shen et al., 2019)中关于洪水调蓄量的计算方法,在本项研究中,根据降水和径流之间的差异,洪水调蓄供给被表示为降水损失,具体计算公式为:

$$FRS = (P - Q) \times A \tag{4-24}$$

式中, FRS 表示洪水调蓄供应量; P 为历时 1 小时、重现期 100 年的降水量,具体计算公式见(4-25); Q 是基于 SCS 模型(Cronshey, 1986)估算的径流量,具体计算公式见(4-26); A 表示研究单元的面积。

$$P = \frac{1\,995.84(RP^{0.3} - 0.42)}{(t + 10 + 7\lg RP)^{0.82+0.07\lg RP}} \tag{4-25}$$

式中, RP 和 t 分别表示暴雨事件的重现期(年)和持续时间(小时)。

$$Q = \begin{cases} \dfrac{(P - 0.2S)^2}{P + 0.8S} & P \geqslant 0.2S \\ 0 & P \geqslant 0.2S \end{cases} \tag{4-26}$$

式中, S 表示某个研究单元保留雨水的能力,具体计算公式如下:

$$S = \frac{25\,400}{CN} - 254 \tag{4-27}$$

式中, CN 表示曲线数,是无量纲参数。CN 值越高,直接径流的可能性越大,入渗能力越低。根据 Cronshey(1986)和 Yin 等人(2011)的研究, CN 值是根据土地覆盖类型和土壤类型确定的。

(6) 防风固沙功能

研究采用 RWEQ 模型(Fryrear, 2000)评估京津风沙源区防风固沙功能的变化。其中,防风固沙量(SR)为区域年均潜在土壤风蚀量(SL_p)与实际土壤风蚀量(SL_r)的差值,具体计算公式如下:

$$SR = SL_p - SL_r \tag{4-28}$$

$$SL_p = \frac{2 \cdot z}{sp^2} Q_{pmax} \cdot e^{-(z/sp)2} \tag{4-29}$$

$$sp = 150.71 \cdot (WF \times EF \times SCF \times K')^{-0.3711} \tag{4-30}$$

$$Q_{pmax} = 109.8 \times (WF \times EF \times SCF \times K') \tag{4-31}$$

$$SL_r = \frac{2 \cdot z}{sr^2} Qrmax \cdot e^{-(z/sr)^2} \tag{4-32}$$

$$sr = 150.71 \cdot (WF \times EF \times SCF \times K' \times C)^{-0.3711} \tag{4-33}$$

$$Qrmax = 109.8 \times (WF \times EF \times SCF \times K' \times C) \tag{4-34}$$

式中，SR 为防风固沙量；SL_p 为潜在风蚀量；Q_{pmax} 为潜在风力的最大输沙能力；sr 为潜在关键地块长度；SL_r 为实际风蚀量；Q_{rmax} 为实际风力的最大输沙能力；sp 为实际关键地块长度；z 表示下风向距离；WF 为气候因子；EF 和 SCF 分别为土壤可蚀性因子和土壤结皮因子；K' 和 C 分别为地表糙度因子与植被因子。

——气候因子。自然条件下土壤风蚀受风速、温度、降雨、太阳辐射以及降雪等气候因素影响，气候因子（WF）为各类气候因素对风蚀的综合影响，计算公式如下：

$$WF = wf \times (\rho/g) \times SW \times SD \tag{4-35}$$

$$wf = u_2 \times (u_2 - u_1)^2 \times N_d \tag{4-36}$$

式中，WF 为气候因子；wf 为风力因子；g 为重力加速度(取 9.8 m/s^2)；ρ 为空气密度；SW 和 SD 分别为土壤湿度因子和雪盖因子；u_1 为起沙风速(取 5 m/s)；u_2 为气象站月均风速；N_d 为各月风速大于 5 m/s 的天数。

——土壤可蚀性因子与结皮因子。土壤可蚀性受土壤颗粒粒径及有机质、黏土、碳酸钙等含量影响，土壤表层的坚硬结皮能有效防止风蚀的发生。因此，可从土壤理化条件判别土壤可蚀性因子（EF）、土壤结皮因子（SCF）为一定土壤理化条件下土壤结皮抵抗风蚀的能力(张彪等，2019)，计算公式为：

$$EF = \frac{29.09 + 0.31\,sa + 0.17\,si + 0.33(sa/cl) - 2.59\,OM - 0.95\,CaCO_3}{100} \tag{4-37}$$

$$SCF = \frac{1}{1 + 0.0066(cl)^2 + 0.021(OM)^2} \tag{4-38}$$

式中，sa 为土壤粗砂含量(%)；si 为土壤粉砂含量(%)；cl 为土壤黏粒含量(%)；OM 为土壤有机质含量(%)；$CaCO_3$ 为碳酸钙含量(%)，可不予考虑。

——植被因子。不同植被类型的防风固沙效果不同，研究将植被分为农田、林地、草地、裸地四个类型，根据不同的系数计算各植被因子 C 值：

$$C = e^{a_i(SC)} \tag{4-39}$$

式中，SC 为植被覆盖度；a_i 为不同植被类型的系数，分别为：农田0.043 8，林地 0.153 5，草地 0.115 1，裸地 0.076 8。

——地表糙度因子。地形因子对风蚀过程也存在明显影响(李秀霞、倪晋仁，2009)。地表糙度 (K') 表示农田因耕作产生块状土及土垄而对风蚀产生的影响，包括随机糙度 (Crr) 和土垄糙度 (K_r)，具体计算公式为：

$$K' = e(1.86\ K_r - 2.41\ K_r^{0.934} - 0.127\ Crr) \tag{4-40}$$

$$Kr = 0.2 \cdot \frac{(\Delta H)^2}{L} \tag{4-41}$$

式中，K_r 为土垄糙度，以 Smith-Carson 方程加以计算；Crr 为随机糙度因子，由于区域尺度评估中，耕作产生的随机糙度难以获取，故取 0；L 为地势起伏参数；ΔH 为距离 L 范围内的海拔高程差，在 GIS 软件中使用 Neighborhood Statistics 工具计算 DEM 数据相邻单元格地形起伏差值获得。

4.2　江苏省土地利用功能时空特征

根据 4.1.2 节得到的 2000—2015 年江苏省各项“生产—生活—生态”二级土地利用功能评价结果，研究进一步采用 2.2.2 节中阐述的方法测度 2000—2015 年江苏省“生产—生活—生态”三项一级土地利用功能评价值及其在不同时段的功能变化值，据此分析 2000—2015 年江苏省“生产—生活—生态”三项一级土地利用功能时空变化特征。

4.2.1 生产功能时空特征

2000 年、2005 年、2010 年、2015 年江苏省生产功能评价结果如图 4 - 2 所示。

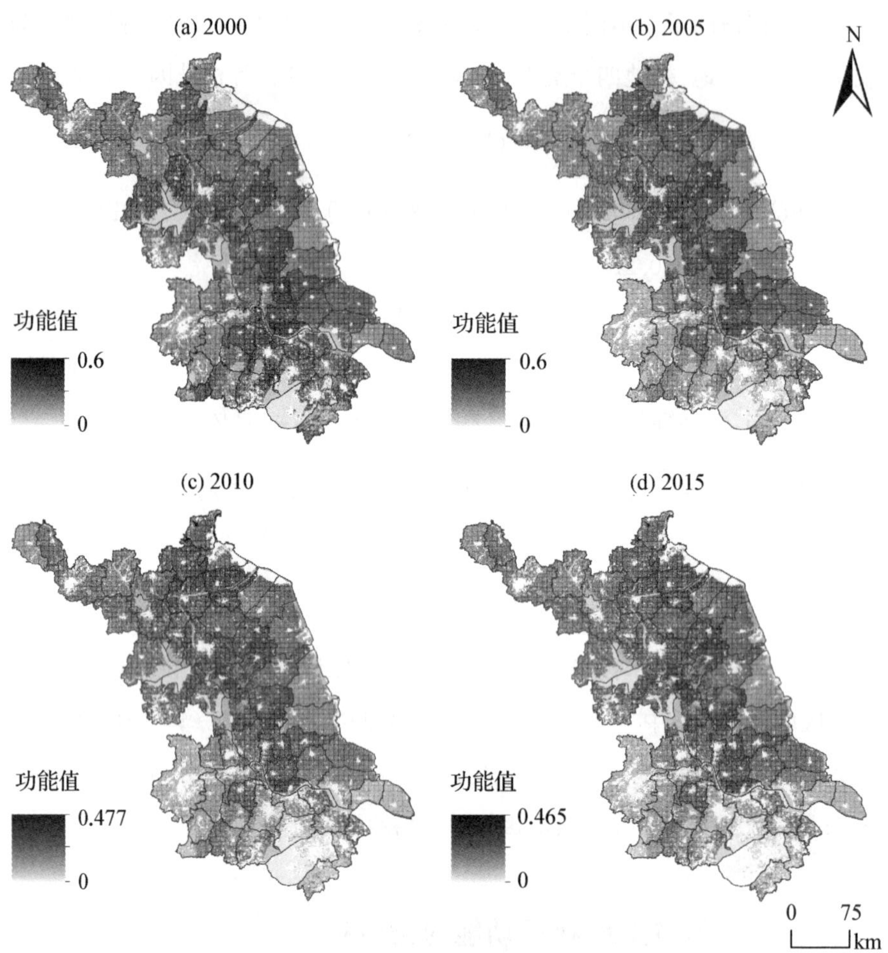

图 4 - 2 2000—2015 年江苏省生产功能空间分布

从图 4 - 2(a)可以看出，2000 年江苏省生产功能总体分布较为均衡，泰州、镇江、常州、无锡等中南部地区生产功能高于其他地区。2005 年，江苏省生产功能显著的区域呈现明显的“北移”趋势，江苏南部地区生产功能偏弱，中北部地区生产功能较强[图 4 - 2(b)]。从图 4 - 3(a)可以看出，2000—2005 年，江苏省生产功能整体呈现减弱趋势，其中南部地区生产功能显著减弱，尤以苏州市区、昆山市，无锡市区、江阴市、宜兴市，常州市区，南京等地生产功能减弱最为显著。这主要是由于与江苏北部地区相比，南京、苏州、无锡、常州等江苏南部地区城镇化发展更加快速，但是城镇化发展主要以牺牲农业空间为代价，农业空间不断缩减，耕地细碎化现象严重，耕地质量降低，从而使得区域生产功能减弱。此外，南通、盐城北部等江苏沿海地区以及徐州市等地生产功能亦有所减弱。2000—2005 年，响水县、滨海县、阜宁县等盐城南部地区以及连云港、宿迁等江苏北部地区生产功能呈现增强态势，其中盐城响水县生产功能增强最为显著。

从图 4 - 2(c)和(d)可以看出，2010 年和 2015 年，江苏省生产功能显著的区域重点分布在中南部地区和沿海地区，江苏南部地区生产功能整体偏弱。2005—2010 年，江苏省生产功能总体呈现“北增南减”态势[图 4 - 3(b)]；其中，盐城、连云港、徐州、宿迁、淮安等江苏北部地区生产功能增强较为显著，南京、扬州、镇江等江苏西南部地区生产功能也有所增强；苏州、无锡、常州、南通等江苏南部地区及沿海地区生产功能呈现减弱趋势，主要是由于江苏南部地区快速城镇化发展挤占农业空间，沿海地区农业结构单一，多为单一的种植、养殖业，农业生产效率偏低。2010—2015 年，江苏省生产功能总体呈现增强态势[图 4 - 3(c)]，其中江苏中北部地区生产功能增强更为显著，尤以连云港市区，宿迁泗洪县，淮安洪泽县、金湖县，扬州宝应县、高邮市等地生产功能增强最为显著；常州市区，无锡市区、江阴市，苏州昆山市、张家港市等高度城镇化区域生产功能呈现明显的减弱趋势，主要是由于这些地区城镇化水平高，耕地细碎化现象严重，农业生产难以形成规模效应，农业综合生产能力有所下降。

综合而言，2000—2015 年，江苏省生产功能表现出显著的“北增南减”差异特征，其中连云港、盐城、淮安等北部地区生产功能增强最为明显，苏州、无锡、常州等南部地区生产功能减弱最为显著。这主要是由于江苏北部地区平原广袤，耕地集中连片分布，研究期间不断稳定粮食种植面积，优化种植结构，扩大适度规模经营比重，加强农业基础设施建设，提高区内农产品综合生产能力；苏(州)(无)锡常(州)等江苏南部地区地处长三角平原腹地，气候温和，河网密布，土地肥沃，自然条件优越，研究期初，这些区域农业综合生产能力已经达到较高水平，生产功能较高，但是快速城镇化发展使得区域优质耕地不断减少、耕地质量下降，坑塘等水域面积也开始缩减，研究期末生产功能减弱趋势明显。此外，研究期间，连云港、盐城等江苏沿海地区还通过滩涂围垦增加区域农业供给水平，大力发展设施农业、生态农业、特色农业，推进农业规模化生产与经营，建设盐土农作物和海淡水养殖基地，提高农业综合生产水平，增强区域农业生产功能。基于 GIS 平台，研究进一步将不同时点生产功能进行叠加分析，得到 2000—2005 年、2005—2010 年、2010—2015 年以及 2000—2015 年四个不同时间段江苏省生产功能时空变化分布结果(见图 4－3)。

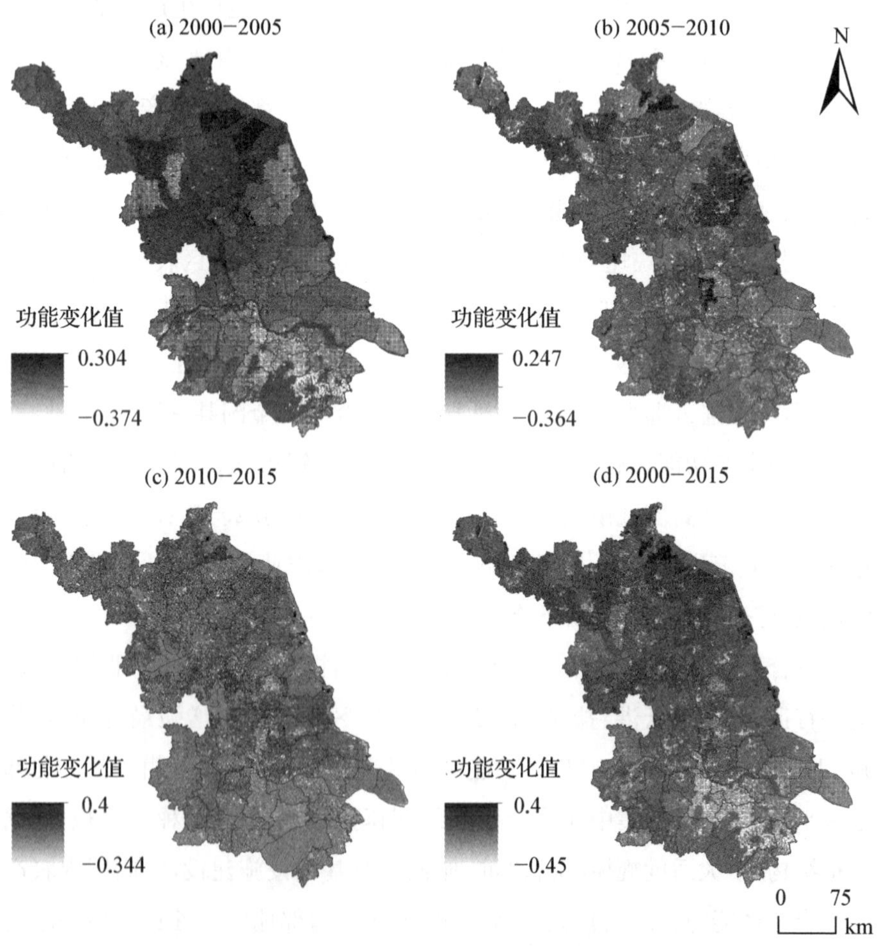

图 4－3　2000—2015 年江苏省生产功能时空变化分布

4.2.2　生活功能时空特征

2000 年、2005 年、2010 年、2015 年江苏省生活功能评价结果如图 4－4 所示。

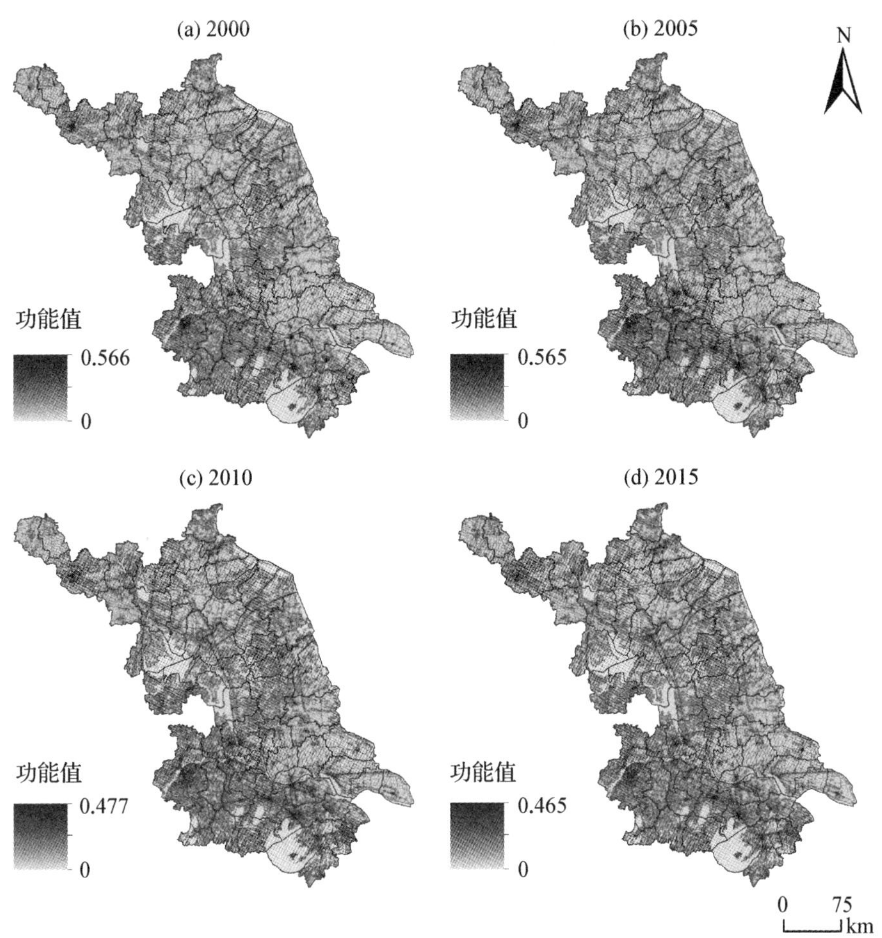

图 4－4　2000—2015 年江苏省生活功能空间分布

从图 4－4 可以看出，2000 年、2005 年、2010 年、2015 年江苏省生活功能均呈现明显的"南强北弱"态势。其中，2000 年，江苏省生活功能较强的区域集中分布在南京、苏州、无锡、常州等地市区；自 2005 年以来，江苏省生活功能分布趋向于均衡化，生活功能较强的区域逐渐向南部地区市区以外的地域扩散，并且江苏中北部地区的生活功能也显著增强。总体而言，江苏南部地区生活功能已经达到较高水平，并且生活功能高值区分布相对更为集中，江苏北部地区生活功能处于中等水平，且功能高值区分布较为分散。

从图 4－5(a)可以看出，2000—2005 年，江苏省生活功能总体呈现明显增强之势，其中江苏南部地区生活功能增强尤为显著。这一时期江苏大力发展城市化战略，积极合理发展中小城市，并引导小城镇健康发展，增强了区内城镇对人口的吸纳能力，同时全省也大力发展高新技术产业，重点发展环太湖、沿海和长江旅游带，促进二三产业快速高质发展。2005—2010 年，江苏省多数城市中心城区生活功能总体有所减弱[图 4－5(b)]，人口和产业发展开始向中心城区周边区域流动和集聚；但这一时期全省综合交通网络规模大幅扩展，与长江三角洲区域内其他省、市交通基础设施的对接不断加强，互联互通水平明显提高。2010—2015 年，苏州昆山市、常熟市、张家港市，无锡市区、江阴市等江苏南部地区生活功能有所减弱，淮安、宿迁、徐州等北部地区以及盐城、南通等沿海地区生活功能有所增强[图 4－5(c)]。这主要是由于该阶段全省注重发展高技术产业，提升服务业发展水平，加快推进城市化进程，提升对周边地区的辐射带动能力，并以沿海地区主要交通运输通道为轴线，加快沿线城镇发展，进一步强化腹地产业优势，促进人口集聚，有序扩大城镇规模，加强具有特殊地形地貌、传统文化特色小城镇的保护和利用，发展旅游等特色产业，强化独有的自然和文化特色。

综合而言，2000—2015 年，江苏省生活功能总体表现为增强态势[图 4－5(d)]，其中南京、苏州、无锡、常州等南部地区生活功能增强尤为明显，但是功能增强的区域主要分布在这些城市中心城区周边地区，多数城市中心城区生活功能有所减弱。这主要是由于江苏南部地区优越的地理区位、自然环境和人文环境优势使得区域吸纳产业投资、带动产业发展的能力较强，并且产业结构不断向二三产业倾斜，但中心城区所能够提供的居住空间和产业发展空间有限，人口和产业发展以中心城区为核心，呈现出向外围延伸式增长和发展的态势。2000—2015 年，宿迁、淮安、盐城、徐州、连云港等江苏北部和沿海地区生活功能的增强主要归功于区域积极推进铁路、水运、公路等基础设施建设，加快构建沿海铁路大通道，建成连盐淮铁路，并依托沿海高速公路、沿海铁路、通榆河等主要交通通道，布局产业，集聚人口，带动沿线城市、县和城镇加快发展。然而，研究期内，盐城大丰市、东台市、射阳县等地生活功能减弱也较为明显，主要是由于区域港口产业布局分散，海洋、滩涂、港口与产业、城市文化发展等还不够协调，区域产业结构有待进一步优化。基于 GIS 平台，研究进一步将不同时点生活功能进行叠加分析，得到 2000—2005 年、2005—2010 年、2010—2015 年以及 2000—2015 年四个不同时间段江苏省生活功能时空变化分布结果（见图 4－5）。

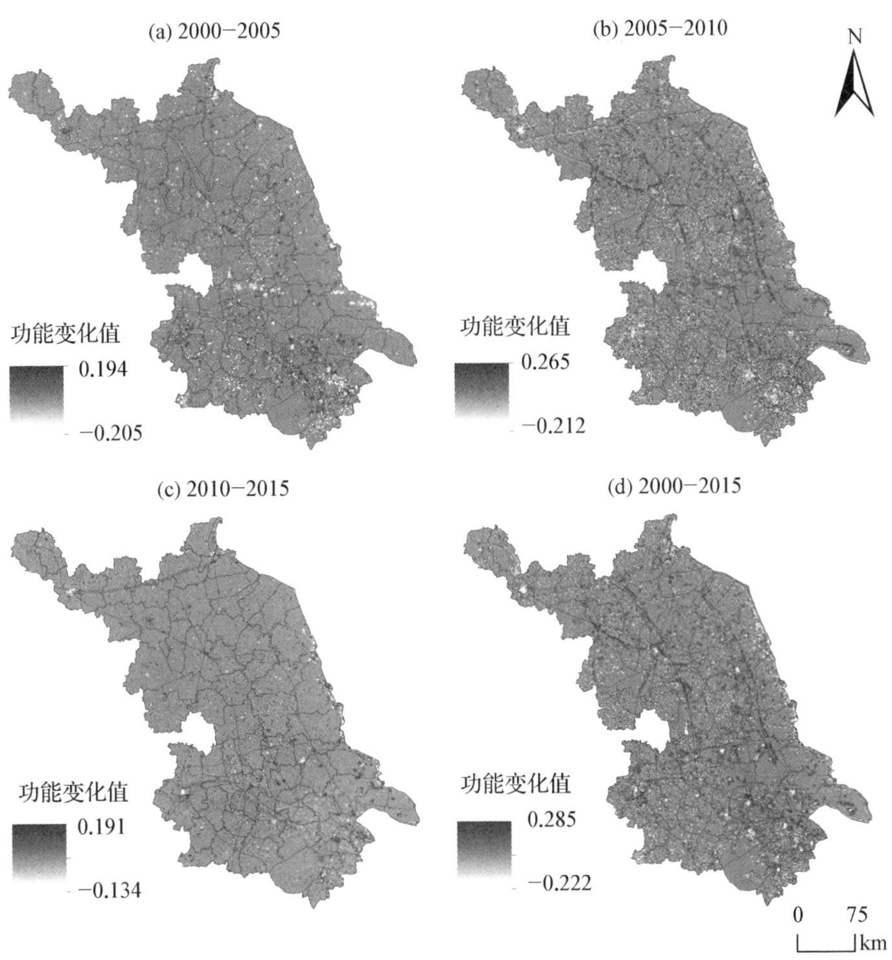

图 4－5　2000—2015 年江苏省生活功能时空变化分布

4.2.3 生态功能时空特征

2000 年、2005 年、2010 年、2015 年江苏省生态功能评价结果如图 4-6 所示。

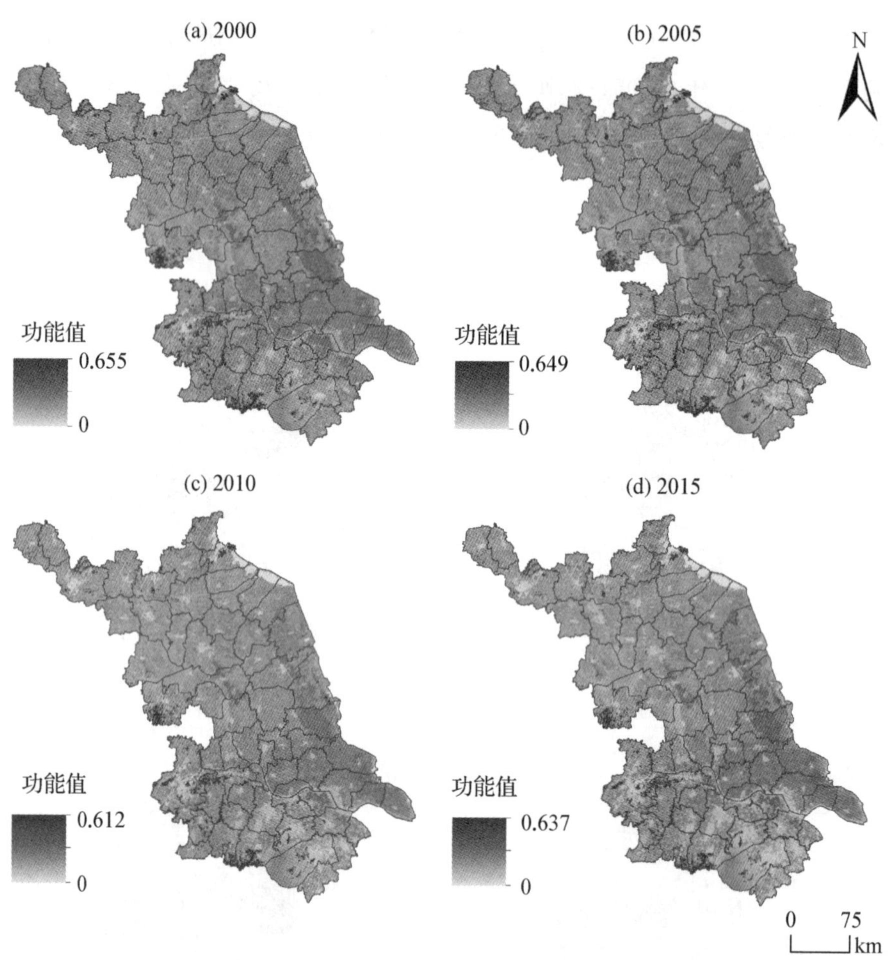

图 4-6 2000—2015 年江苏省生态功能空间分布

从图 4-6 可以看出，2000 年、2005 年、2010 年、2015 年江苏省生态功能高值区主要分布在常州溧阳市、无锡宜兴市以及南京市区等西南丘陵地区以及淮安盱眙县丘陵地带。这些区域内丘陵低山分布较多，森林覆盖率较高,在调节径流、减少土壤侵蚀、吸收和固定二氧化碳以及提供生物栖息空间等方面发挥了重要作用,提升了区域整体生态功能水平。此外,南通、盐城等江苏沿海地区生态功能也相对较高,主要是由于这些区域滩涂、河流、湖泊等水域分布密集,在气候调节、生物多样性保护等方面具有重要的生态价值。基于 GIS 平台,研究进一步将不同时点生态功能进行叠加分析,得到 2000—2005 年、2005—2010 年、2010—2015 年以及 2000—2015 年四个不同时间段江苏省生态功能时空变化分布结果(见图 4-7)。

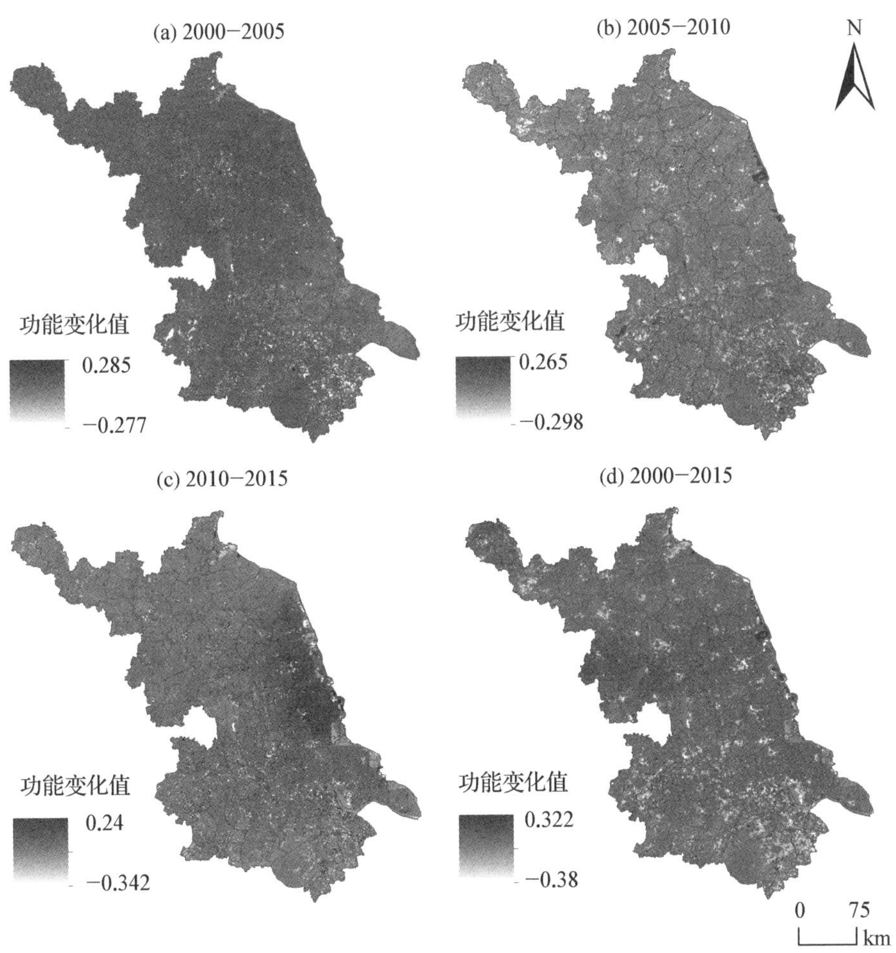

图 4-7　2000—2015 年江苏省生态功能时空变化分布

从图 4－7(a)可以看出，2000—2005 年，江苏省生态功能呈现“北增南减”态势，功能减弱最显著的区域主要分布在南京市区，无锡市区，苏州市区、昆山市、太仓市、常熟市等地，主要是由于这些区域快速城镇化发展破坏了区域水系、土壤等生态要素结构和功能，生物栖息地受到威胁，水源涵养、土壤保持、生境质量等生态功能呈现下降趋势，水资源面积缩减、植被覆盖率降低也进一步减弱了区域洪水、风蚀等自然灾害抵御能力；此外，南通市、泰州市、盐城东台市等地生态功能也表现出较为明显的下降态势，盐城射阳县、滨海县、响水县，连云港灌南县等北部地区生态功能增强尤为显著。2005—2010 年，江苏省生态功能则呈现较为明显的“南增北减”态势[图 4－7(b)]，其中南京市区、无锡宜兴市等地生态功能增强尤为显著，盐城大丰市、射阳县等地生态功能也有所增强，期内这些区域不断加强环境保护生态示范区建设，提高区域森林覆盖率和城市绿化覆盖率，深化湿地资源保护与修复，增强区内水源涵养、气候调节、生境质量、防风固沙等生态功能；这一时期徐州、宿迁、淮安等北部地区生态功能明显减弱，主要是由于农业规模化生产形成较为严重的农业面源污染，降低了区域水资源质量，并对生物栖息地造成扰动，降低了区域水源涵养、生境质量等生态功能。

2010—2015 年，盐城市区、大丰市、东台市、射阳县，南通市区、海门市、启东市、海安县、如东县等江苏沿海地区生态功能变化较为显著[图 4－7(c)]。其中，盐城大丰市、东台市，南通如东县等东部地区以及南通市区、海门市、启东市等地生态功能显著增强，主要是由于研究期间区域加快适合沿海滩涂生长的耐盐经济树(木)种的选育，大力开展耐盐杨树、滨海等高效速生树种规模化种植示范，依托农田水利设施，加强沿海防护林带建设，增强了区域洪水调蓄、防风固沙等生态功能。南通如东县，盐城东台市、大丰市、射阳县等东部地区生态功能减弱明显，这主要是由于区域港口和临港产业建设、水产品和畜禽产品深加工等产业的发展建设对区域原有的良好生物栖息环境造成了一定扰动，致使生境质量下降、生态功能退化。此外，2010—2015 年，泰州泰兴市、姜堰市、靖江市，南通如皋市，苏州张家港市等地生态功能也呈现出较为明显的增强趋势。

综合而言，2000—2015 年，除江苏沿海部分区域外，江苏省生态功能总体呈现较为显著的减弱趋势[图 4－7(d)]，其中功能减弱最为明显的区域主要分布在苏州、无锡、常州等江苏南部地区，主要是由于研究期间区域快速城镇化发展致使生态空间缩减，生境质量下降，植被覆盖度降低，生物多样性保护、气候调节等生态功能减弱。其间，徐州、连云港、宿迁、淮安等江苏北部地区中心城区生态功能减弱也较为明显。盐城大丰市、射阳县，南通市区、如东县等沿海地区生态功能总体呈现增强趋势，主要是由于研究期间区域注重湿地等生态系统保护与修复，同时注重加强区域沿海防护林建设和农田水利设施建设，提升了区域防风固沙、洪水调蓄、生物多样性保护等生态功能。

4.3 江苏省土地利用功能时空演化模式

根据 4.2 节中 2000—2015 年江苏省“生产—生活—生态”功能时空变化结果，以“生产—生活—生态”三项功能在研究期间不同研究时段的变化情况为基础，分别划分江苏省生产功能、生活功能和生态功能变化模式(见表 4－7)，最终形成九种土地利用功能时空演化模式(见图 4－8)。

1. 生产功能变化模式

从图 4－8(a)可以看出，2000—2015 年，江苏省生产功能总体呈现“北增南减”态势。生产功能增强主要表现为“先减后增”增强型、连续增强型和波动增强型。其中，生产功能“先减后增”增强型主要分布在徐州市区、新沂市、睢宁县，宿迁沭阳县、涟水县，盐城市区、大丰市、射阳县、建湖县，淮安盱眙县等江苏北部地区，主要是由于早期这些区域经济发达程度有限，一定程度阻碍了土地流转，土地规模化程度不高，农业综合生产能力提升受限；而随着区域经济水平的提升，规模化经营、产业化进程不断加快，农田基础设施配套也日益完善，农业综合生产能力得到显著提升。生产功能连续增强型主要分布在连云港灌云县、灌南县、滨海县，南通如东县等江苏沿海地区，这些区域是江苏省重要的农产品生产基地，区域地势平坦，农田分布集中连片，耕地保护和基本农田建设促使区域农业生产力不断提升，生产功能持续增强。生产功能波动增强型主要分布在盐城响水县、阜宁县等地。

表 4-7　2000—2015 年江苏省土地利用功能变化模式分类标准

时间段	2000—2005	2005—2010	2010—2015	2000—2015	功能变化类型
变化趋势	↑	↑	↑	↑	连续增强型
	↑	↑	—	↑	
	↑	—	—	↑	
	—	↑	↑	↑	
	—	—	↑	↑	
	—	↑	—	↑	
	↑	—	↑	↑	
	↑	↑	↓	↑	“先增后减”增强型
	↑	↓	↓	↑	
	↑	↓	—	↑	
	↑	—	↓	↑	
	—	↑	↓	↑	
	↑	↓	↑	↑	波动增强型
	↓	↑	↓	↑	
	↓	↓	↑	↑	“先减后增”增强型
	↓	↑	↑	↑	
	↓	↑	—	↑	
	↓	—	↑	↑	
	—	↓	↑	↑	
	↑	↑	↓	↓	“先增后减”减弱型
	↑	↓	↓	↓	
	↑	↓	—	↓	
	↑	—	↓	↓	
	—	↑	↓	↓	
	↑	↓	↑	↓	波动减弱型
	↓	↑	↓	↓	
变化趋势	↓	↓	↑	↓	“先减后增”减弱型
	↓	↑	↑	↓	
	↓	↑	—	↓	
	↓	—	↑	↓	
	—	↓	↑	↓	
	↓	↓	↓	↓	连续减弱型
	↓	↓	—	↓	
	↓	—	—	↓	
	—	↓	↓	↓	
	—	—	↓	↓	
	—	↓	—	↓	
	↓	—	↓	↓	
	↑	↑	↓	—	总体稳定型
	↑	↓	↓	—	
	↑	↓	—	—	
	↑	—	↓	—	
	—		↓	—	
	↑	↓	↑	—	
	↓	↑	↓	—	
	↓	↓	↑	—	
	↓	↑	↑	—	
	↓	↑	—	—	
	↓	—	↑	—	
	—	↓	↑	—	
	—	—	—	—	

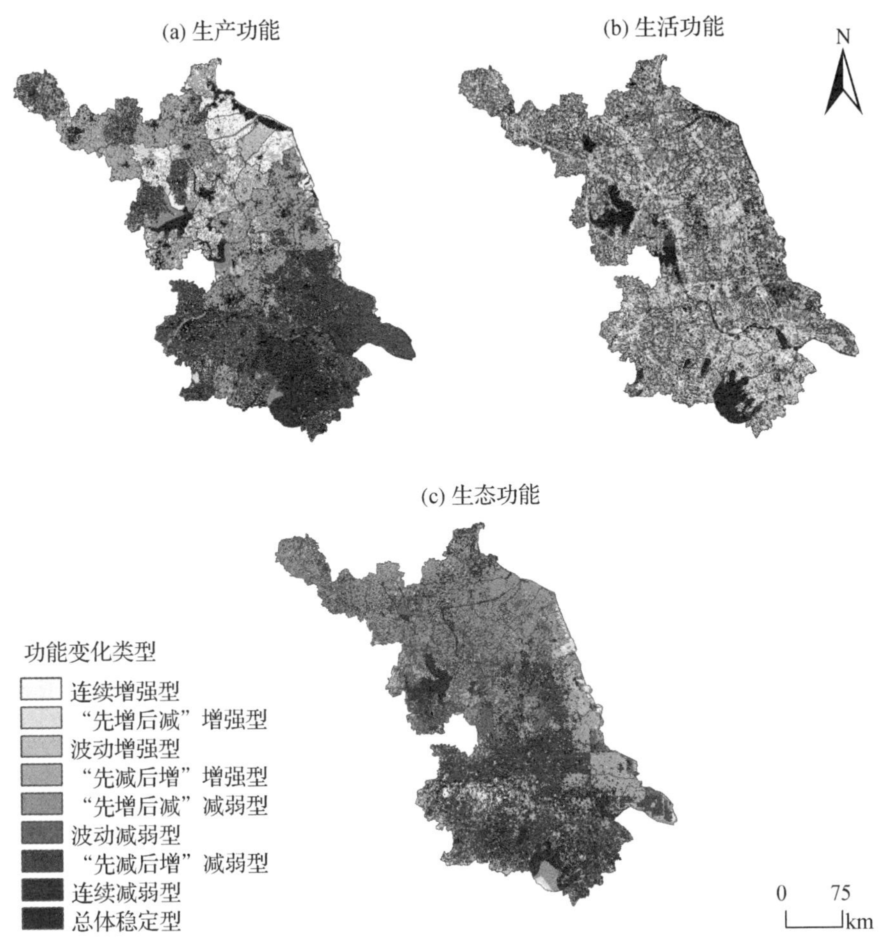

图 4-8　2000—2015 年江苏省土地利用功能时空演化模式

江苏省生产功能减弱主要表现为"先减后增"减弱型和连续减弱型。其中，生产功能"先减后增"减弱型主要分布在南通市区、启东市、如皋市、如东县、海安县，泰州泰兴市、姜堰市，南京市区，镇江市区、丹阳市、句容市等沿江地区，主要由于前期区域快速城镇化发展使得耕地数量减少、质量降低，农地细碎化现象严重，农业综合生产能力下降，后期区域更加注重耕地保护和农业技术创新，探索种养结合等现代农业发展模式，提升农业生产功能。生产功能连续减弱型主要分布在苏州市区、吴江市、常熟市，无锡市区，常州市区等环太湖平原地区，这些区域是江苏省经济最为发达的地区，城镇化水平持续提升且已处于高水平范围，区内农业生产功能逐渐衰退，转而重点发展二三产业。

2. 生活功能变化模式

从图 4－8(b)可以看出，2000—2015 年，江苏省生活功能总体呈现增强趋势，并且生活功能增强主要表现为“先增后减”增强型和连续增强型，两种变化模式在全省范围内均有分布。其中，生活功能“先增后减”增强型更加集中分布在无锡市区，常州市区，苏州常熟市、张家港市等沿江地区，这些区域在早期快速城镇化发展过程中，人口和产业集聚效应已呈现较高水平，吸纳就业、提供休闲游憩的能力也大幅度提升，后期与江苏其他区域相比，生活功能提升速度放缓，总体呈现小幅下降趋势。生活功能连续增强型在盐城大丰市、东台市，南通启东市、海安县等沿海地区分布更为显著，主要是由于研究期间这些区域充分发挥区位独特、土地后备资源丰富等比较优势，着力优化空间布局，转变发展方式，适度扩大城镇空间，注重发展高技术产业，促进产业集聚，提升产业层次，促进沿海观光休闲产业发展，并充分利用新亚欧大陆桥出海通道便捷的交通条件，推动区域生活功能不断提升。

江苏省生活功能减弱主要表现为“先增后减”减弱型、波动减弱型和连续减弱型。其中，生活功能“先增后减”减弱型和波动减弱型在全省范围内均有分布，但更加集中分布在徐州丰县、沛县，连云港东海县、灌云县，宿迁沭阳县等北部地区，与江苏南部地区相比，这些区域城镇化发展水平相对滞后，人口和产业集聚能力有限，产业层次结构仍有待优化，发展动力不足。生活功能连续减弱型则主要集中分布在南通如东县，盐城大丰市、东台市、响水县，宿迁泗洪县等沿海地区，这些区域中心城市实力不强，主要港口服务功能不够健全，对区域发展的辐射带动作用没有得到有效发挥，传统工业化模式使得区域产业层次偏低，集聚产业、人才资源的能力较弱。

3. 生态功能变化模式

从图 4－8(c)可以看出，2000—2015 年，江苏省生态功能总体呈现减弱趋势。生态功能增强主要表现为“先增后减”增强型和波动增强型。其中，生态功能“先增后减”增强型主要分布在南通市区、海门市、如东县，盐城东台市、大丰市等沿海地区，研究期间这些区域充分利用滨海临江、区域生态环境良好的优势，清晰界定自然保护区、水源保护区、海洋生态保护区等重要生态功能区的范围，大力保障生态空间，加强生态系统维护修复，提升区域整体生态功能。生态功能波动增强型也主要分布在盐城大丰市、射阳县等地。

江苏省生态功能减弱主要表现为“先增后减”减弱型、“先减后增”减弱型、连续减弱型和波动减弱型。其中，“先增后减”减弱型主要集中分布在徐州市、连云港市等北部地区以及盐城响水县、射阳县、东台市，南通启东市、如东县等沿海地区，主要是由于区域农业生产、滩涂围垦开发对生态环境造成了破坏，农业面源污染较为严重，使得区域水源涵养、土壤保持等生态功能有所减弱。生态功能“先减后增”减弱型主要分布在南京市区，扬州市区、江都市、仪征市，泰州泰兴市、姜堰市等沿江地区，这些区域在早期的城市发展过程中忽略生态环境保护，致使植被覆盖率下降，生态空间呈现缩减趋势，生物栖息地受到扰动，生态功能总体呈现衰退趋势，后期不断加强环境保护生态示范区建设，提高区域森林覆盖率和城市绿化覆盖率，提高区域土壤保持、气候调节等生态功能。连续减弱型主要分布在苏州市区、吴江市、昆山市、常熟市，无锡市区、宜兴市，常州市区、金坛市等东南部地区，主要由于区域长期持续快速的城镇化发展对生态环境产生了较大程度的负面影响，生态系统结构遭受破坏，生态功能持续退化。生态功能波动减弱型在全省范围内均有分布，徐州市区、丰县、沛县，宿迁市区、泗洪县，淮安市区、金湖县，连云港赣榆县等北部地区分布尤为显著。

4.4　本章小结

本章结合第二章中提出的土地利用功能分类框架，重点构建了土地利用功能评价指标体系，综合采用 InVEST 模型、统计数据空间化以及其他地理空间分析等方法定量测度 2000 年、2005 年、2010 年、2015 年四个时间断面下江苏省十二项二级土地利用功能。在此基础上，综合评估三项一级土地利用功能，基于 ArcGIS 平台实现了“生产—生活—生态”三项一级土地利用功能的空间化表达，分析 2000—2015 年不同时间段内江苏省“生产—生活—生态”三项一级土地利用功能的时空变化特征及变化模式。

研究结果表明，2000—2015 年，江苏省生产功能总体表现出显著的“北增南减”差异特征，其中 2000—2005 年生产功能整体呈现减弱趋势，2010—2015 年生产功能则呈现增强态势；生产功能增强主要表现为“先减后增”增强型、连续增强型和波动增强型，生产功能减弱则主要表现为“先减后增”减弱型和连续减弱型。江苏省生活功能总体表现为增强态势，其中江苏南部地区生活功能增强尤为明显，但 2010—2015 年江苏北部地区和沿海地区生活功能增强更为显著；生活功能增强主要表现为“先增后减”增强型和连续增强型。研究期间除沿海部分区域外，江苏省生态功能总体呈现较为显著的减弱趋势，并且江苏南部地区生态功能减弱最为明显，其中 2000—2005 年生态功能呈现“北增南减”态势，2005—2010 年生态功能呈“南增北减”态势；生态功能“先增后减”减弱型主要集中分布江苏北部地区和沿海地区，“先减后增”减弱型主要分布在沿江地区，连续减弱型主要分布在苏州市区、吴江市、昆山市、常熟市，无锡市区、宜兴市，常州市区、金坛市等东南部地区。

第五章　不同尺度下土地利用功能权衡时空特征分析

5.1　格网尺度下江苏省土地利用功能权衡时空特征

研究基于格网尺度，根据第二章 2.2.3 小节中阐述的关于土地利用功能权衡识别的方法，在 ArcGIS 10.2 平台支持下，采用 Raster Calculator 工具分别实现 2000 年、2005 年、2010 年、2015 年江苏省“生产—生活—生态”三项土地利用功能两两之间以及三者之间权衡的空间化表达，然后进一步将不同时点各类土地利用功能权衡进行叠加分析，得到 2000—2015 年间不同时间段内江苏省“生产—生活—生态”三项土地利用功能两两之间以及三者之间权衡时空变化分布结果。

5.1.1　生产功能与生活功能权衡时空特征

格网尺度下，2000 年、2005 年、2010 年、2015 年江苏省生产功能与生活功能（以下简称“‘生产—生活’功能”）权衡空间分布结果如图 5 - 1 所示。基于 GIS 平台，研究进一步将不同时点“生产—生活”功能权衡图层进行叠加分析，得到 2000—2005 年、2005—2010 年、2010—2015 年以及 2000—2015 年四个不同时间段江苏省“生产—生活”功能权衡时空变化分布结果（见图 5 - 2）。

从图 5 - 1(a)可以看出，2000 年，江苏省“生产—生活”功能权衡显著的区域主要分布在南京市区、无锡市区、常州市区等南部地区以及泰州泰兴市、姜堰市、靖江市等中部地区，江苏北部地区“生产—生活”功能权衡整体

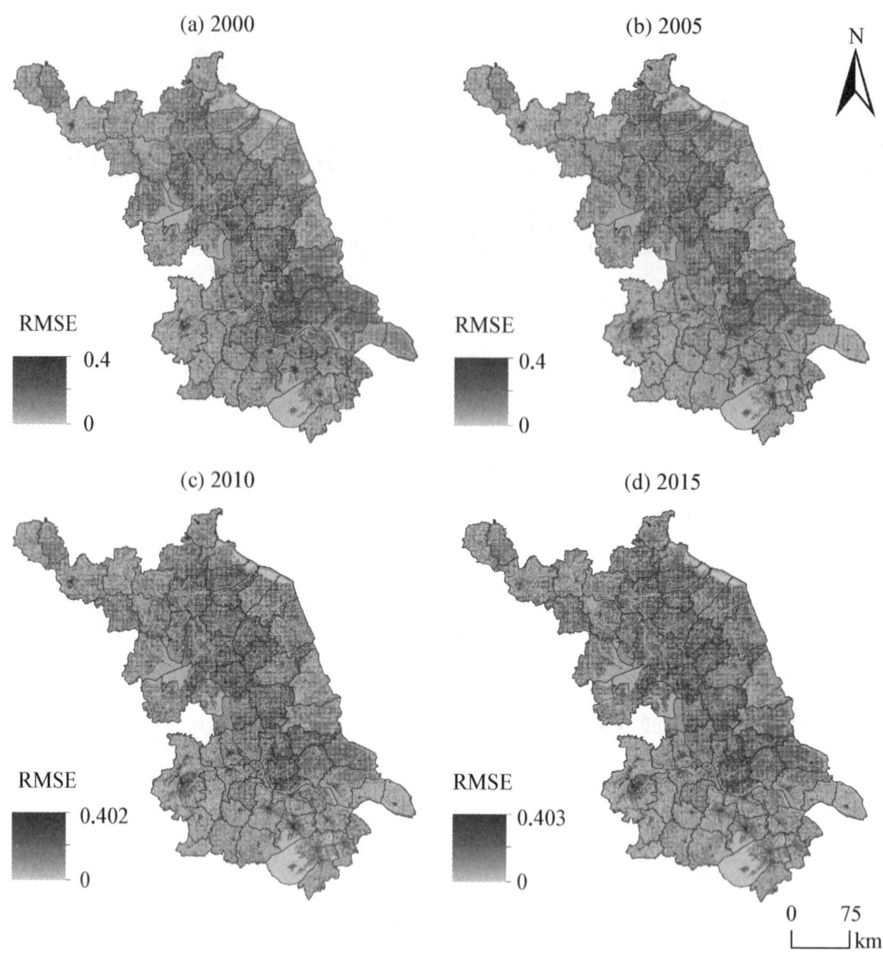

图 5-1　2000—2015 年格网尺度下江苏省生产功能与生活功能权衡空间分布

呈现较低水平，主要是由于这一时期，江苏北部地区生产功能与生活功能均处于较低水平，总体表现出均衡发展趋势。2005 年，南京市区、无锡市区、常州市区等南部地区"生产—生活"功能权衡更为显著，权衡高值区呈现由中心城区向外围扩散的趋势，主要是由于 2000—2005 年间江苏南部地区生活功能呈现较高程度的增强趋势，而生产功能减弱趋势明显，致使生产功能与生活功能冲突日趋显著；与南部地区相比，江苏北部地区"生产—生活"功能权衡仍呈现较低水平[图 5-1(b)]。但是，从图 5-2(a)可以看出，2000—2005 年，盐城响水县、阜宁县、滨海县，连云港灌南县，宿迁市区等江苏北部地区“生产—生活”功能权衡呈现明显的增强趋势；而常州市区，无锡江阴市、宜兴市，苏州张家港市、太仓市，扬州扬中市等沿江地区“生产—生活”功能权衡减弱较为显著。

从图 5 - 2(b)可以看出，2005—2010 年，江苏省“生产—生活”功能权衡总体呈现增强趋势，其中连云港市区，盐城市区、射阳县、建湖县等北部地区“生产—生活”功能权衡增强尤为显著；盐城响水县，泰州姜堰市，南通市区、如皋市等地“生产—生活”功能权衡略有减弱趋势。2010 年，江苏省“生产—生活”功能权衡空间分布更加均衡[图 5 - 1(c)]。2010—2015 年，江苏省“生产—生活”功能权衡总体呈现显著的增强趋势[图 5 - 2(c)]，其中扬州、泰州、淮安、宿迁、连云港等江苏北部地区“生产—生活”功能权衡增强更为明显，主要是由于这些区域在此期间农业规模化生产经营促使生产功能大幅度提升，而相对于南部地区而言其生活功能提升受限，使得生产功能与生活功能发展失调、权衡加剧；而苏州太仓市、张家港市“生产—生活”功能权衡则呈现低水平的减弱之势。2015 年，江苏省“生产—生活”功能权衡 RMSE 值高于 0.1 的区域面积占江苏省总面积的 16.41%，较 2010 年提高 4.56 个百分点[图 5 - 1(d)]。

从图 5 - 2(d)可以看出，2000—2015 年，江苏省“生产—生活”功能权衡总体呈现“北增南减”态势，其中连云港市区、赣榆县、灌云县、灌南县“生产—生活”功能权衡增强尤为显著，主要是由于这些区域是江苏省重要的农产品主产区，研究期间通过耕地保护和基本农田建设，农业综合生产能力显著提升，生产功能明显增强，然而这些区域中心城市实力偏弱，产业层次结构有待优化，人口和产业集聚能力受限，与省内其他区域相比，生活功能呈现减弱趋势，由此导致“生产—生活”功能权衡加剧。常州市区，无锡江阴市，苏州常熟市、太仓市等地“生产—生活”功能权衡减弱更为明显，主要是由于这些地区早期自然资源条件优渥，生产功能表现出较高水平，但生活功能相对偏弱，致使“生产—生活”功能权衡呈现较高水平，但随着城镇化水平的不断提高，该区域经济综合实力已达到较高水平，生活功能显著提升，同时区域大力实施农业现代化工程，发展水产品生态高效工厂化养殖，稳定生产功能，弱化“生产—生活”功能之间的权衡。此外，南通市区、如皋市、启东市、海门市、如东县等江苏沿海地区"生产—生活"功能权衡也呈现减弱趋势。

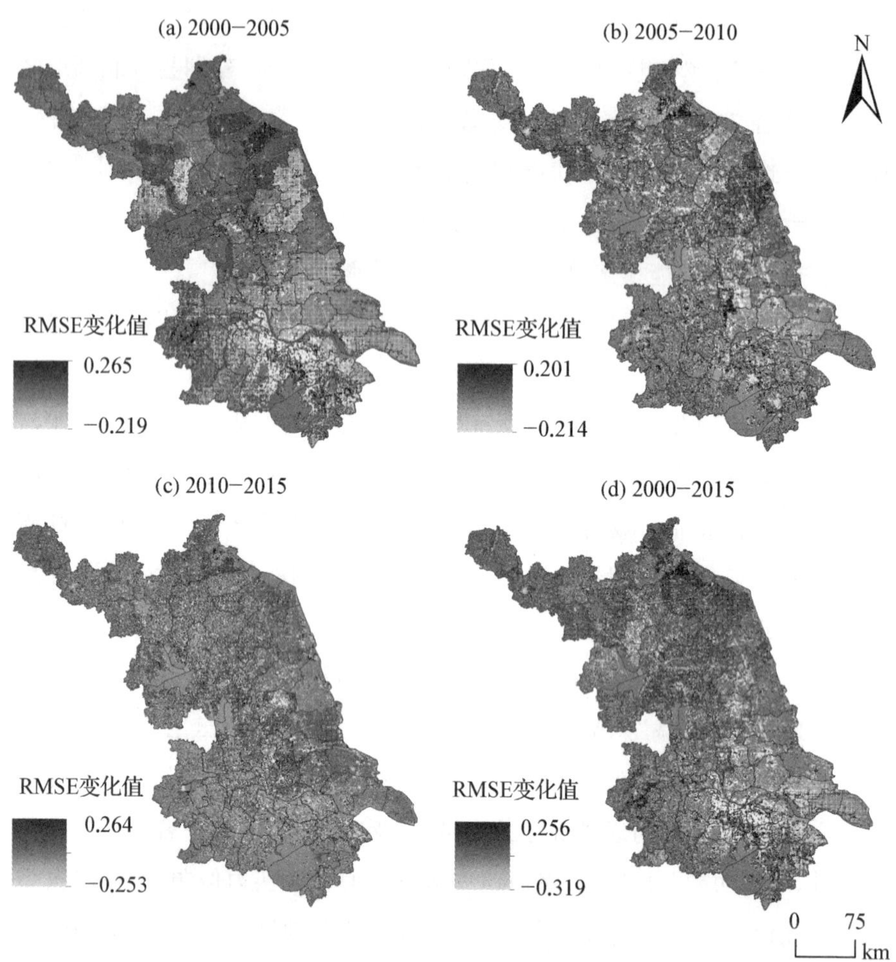

图 5-2 2000—2015 年格网尺度下江苏省生产功能与生活功能权衡时空变化分布

5.1.2 生产功能与生态功能权衡时空特征

格网尺度下，2000 年、2005 年、2010 年、2015 年江苏省生产功能与生态功能（以下简称"'生产—生态'功能"）权衡空间分布结果如图 5-3 所示。基于 GIS 平台，研究进一步将不同时点"生产—生态"功能权衡图层进行叠加分析，得到 2000—2005 年、2005—2010 年、2010—2015 年以及 2000—2015 年四个不同时间段江苏省"生产—生态"功能权衡时空变化分布结果（见图 5-4）。

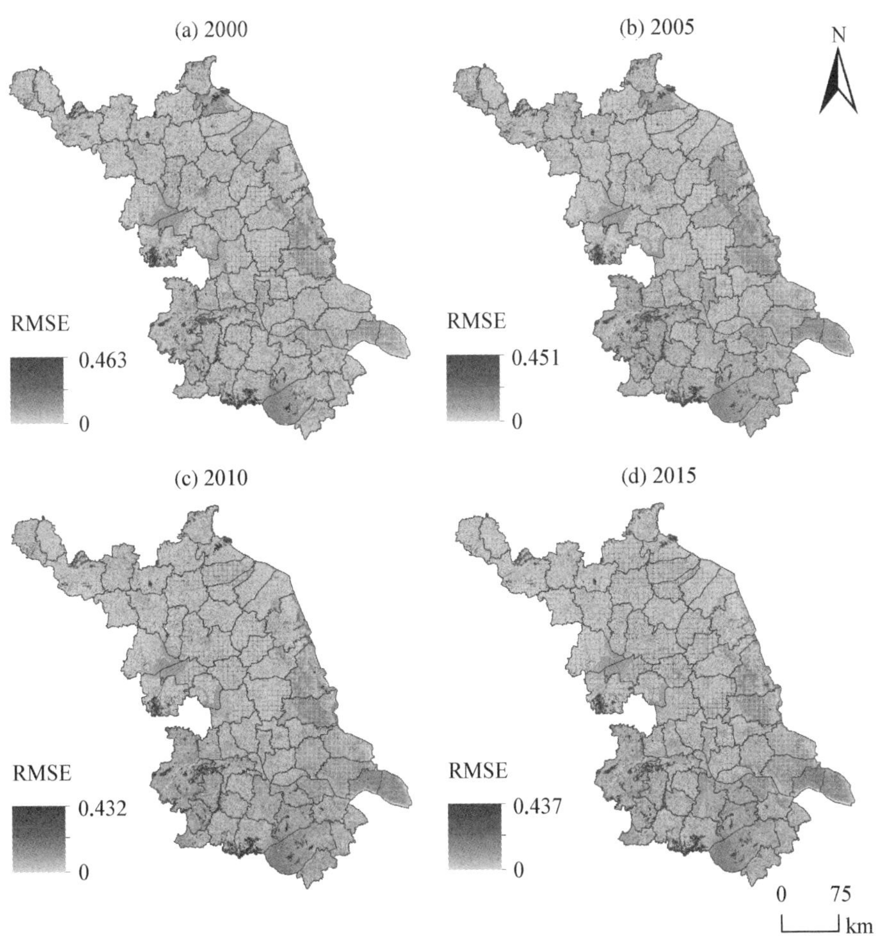

图 5-3　2000—2015 年格网尺度下江苏省生产功能与生态功能权衡空间分布

从图 5-3 可以看出，2000—2015 年，江苏省"生产—生态"功能权衡 RMSE 高值区主要分布在南京市区、常州溧阳市、无锡宜兴市、淮安盱眙县以及连云港市区等地，主要是由于这些地区低山、丘陵分布相对更多，森林覆盖率高，区域水源涵养、土壤保持、气候调节等生态功能显著高于其他地区，而这些区域的农业综合生产能力则相对偏低，并且生产功能呈现减弱趋势，故“生产—生态”功能权衡强度较大。此外，盐城东台市、大丰市，南通海门市、启东市等江苏沿海地区“生产—生态”功能权衡强度也相对较高，主要是由于这些区域分布着大面积的滩涂湿地，生态环境良好，生态功能总体处于较高水平，但区域农业产业层次偏低，种植养殖结构不够合理，生产功能总体偏弱。总体而言，除上述区域以外，江苏省“生产—生态”功能权衡强度处于较低水平。

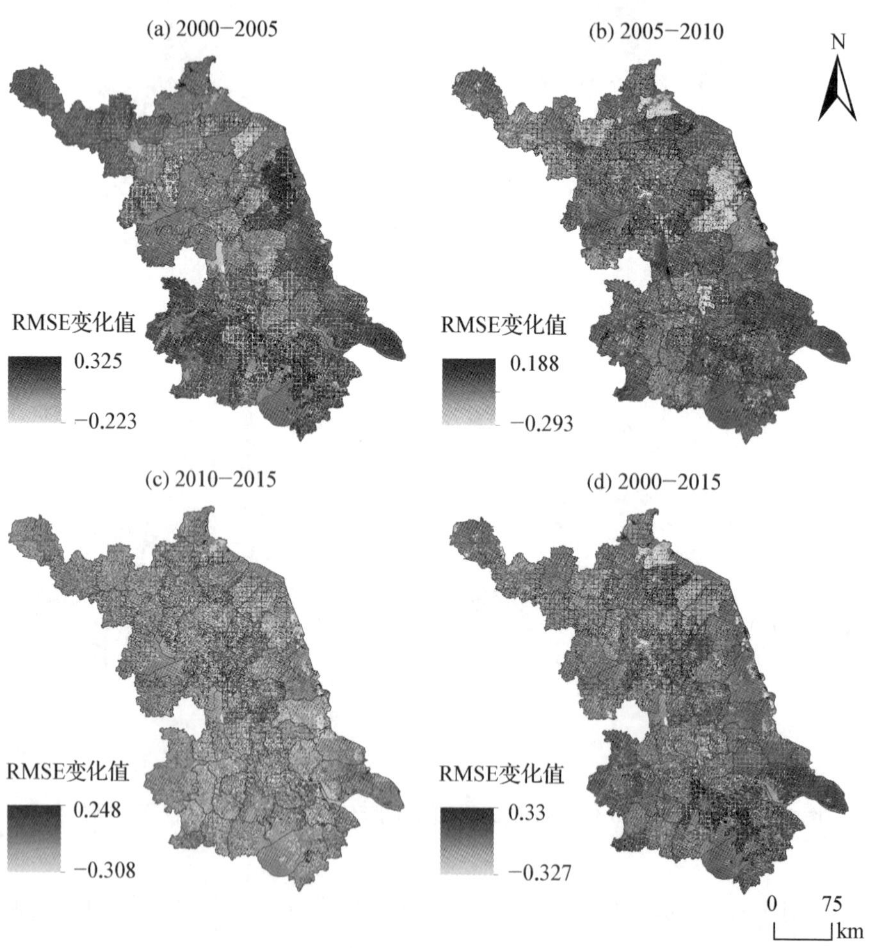

图 5-4　2000—2015 年格网尺度下江苏省生产功能与生态功能权衡时空变化分布

从图 5-4(a)可以看出，2000—2005 年，江苏省“生产—生态”功能权衡整体呈现增强趋势，其中苏州、无锡、常州、南京等南部地区“生产—生态”功能权衡增强更为明显，主要是因为这一时期受快速城镇化影响，这些地区生产功能和生态功能均呈现减弱趋势，其中生产功能呈现更为显著的减弱趋势，致使生产功能与生态功能之间的权衡强度也随之提升。此外，盐城市区、射阳县、大丰市、东台市，南通市区、如东县、海门市、启东市等江苏沿海地区“生产—生态”功能权衡强度也表现出较高水平。

2005—2010 年，江苏省“生产—生态”功能权衡呈现“南增北减”态势，整体变化幅度较低[图 5-4(b)]。其中，常州市区，无锡市区、江阴市，苏州市以及南通市等江苏东南部地区“生产—生态”功能权衡略有增强，主要由于这些地区耕地数量减少、质量下降，致使生产功能呈现减弱趋势，而通过加强湿地保护与修复，强化森林等绿色空间建设，生态功能呈现增强趋势；盐城市区、大丰市、射阳县，连云港市区、赣榆县以及徐州市等地“生产—生态”功能权衡减弱更为显著，这些区域在此期间大力推进耕地保护和基本农田建设，提高农业综合生产能力，生产功能明显增强，与生态功能之间的水平差距不断缩小。

2010—2015 年，江苏省“生产—生态”功能权衡总体呈现增强态势[图 5-4(c)]，其中泰州兴化市，扬州高邮市、宝应县，盐城建湖县、阜宁县，连云港灌南县等北部地区“生产—生态”功能权衡表现出更为显著的增强趋势，主要由于这一时期这些地区大力推进农业规模化生产经营，生产功能得到较大程度提升，而受农业面源污染等影响，区域生态功能则呈现减弱趋势；此外，盐城东台市、南通如东县则表现出减弱趋势。

综合而言，从图 5-4(d)可以看出，2000—2015 年，江苏省“生产—生态”功能权衡增强显著的区域重点分布在常州市区、无锡市区、苏州市以及南通市区、海门市、启东市等东南部地区，主要是由于这些地区自然资源条件优渥，原有农业生产功能处于较高水平，研究期间，因城镇化发展占用耕地，致使耕地数量大幅度缩减，耕地质量下降，生产功能明显减弱，但区域生态功能总体上处于较高水平，从而造成“生产—生态”功能权衡加剧。连云港市区、赣榆县，盐城滨海县、响水县，徐州市区、新沂市等江苏北部地区“生产—生态”功能权衡则呈现减弱趋势，主要是由于早期受自然资源条件限制，区域农业生产功能尚处于较低水平，但生态功能处于较高水平，研究期间区域不断加强基本农田建设，完善农田基础设施，增强生产功能，促进“生产—生态”功能协同发展。

5.1.3 生活功能与生态功能权衡时空特征

格网尺度下，2000 年、2005 年、2010 年、2015 年江苏省生活功能与生态功能(以下简称“‘生活—生态’功能”)权衡空间分布结果如图 5-5 所示。基于 GIS 平台，研究进一步将不同时点“生活—生态”功能权衡图层进行叠加分析，得到 2000—2005 年、2005—2010 年、2010—2015 年以及 2000—2015 年四个不同时间段江苏省“生活—生态”功能权衡时空变化分布结果(见图 5-6)。

从图 5-5 可以看出，2000—2015 年，江苏省“生活—生态”功能权衡强度高的区域主要分布在南京市区、常州溧阳市、无锡宜兴市、淮安盱眙县、连云港市区等地以及盐城大丰市、东台市，南通市区、如东县、如皋市、海门市、启东市等沿海地区，主要是由于与其他地区相比，这些地区森林覆盖率和水面面积高，研究期间区域水源涵养、土壤保持、生境质量等生态功能总体处于较高水平，但总体上这些区域生活功能有所减弱，尤其是盐城大丰市沿海地区港口产业布局分散，产业结构单一，发展动力不足，人口增长和经济实力的提升滞后于其他地区，导致研究期间生活功能呈现减弱趋势，区域“生活—生态”功能权衡增强。

从图 5-6(a)可以看出，2000—2005 年，江苏省“生活—生态”功能权衡总体呈现“北增南减”之势，但连云港、盐城、宿迁、淮安、徐州等北部地区“生活—生态”功能权衡增强幅度较低，主要是由于这一时期这些地区对水土流失较严重的丘陵和沙土地区积极开展综合治理，并优化自然生态系统的空间布局和类型结构，提升区域生态功能，然而区域产业结构层次不高，传统工业比重大，带动能力强的骨干企业少，使得区域生活功能整体偏弱。

2005—2010 年，江苏省“生活—生态”功能权衡总体呈现“南增北减”之势[图 5-6(b)]，这主要是由于这一时期南部地区城镇化水平快速提升，促

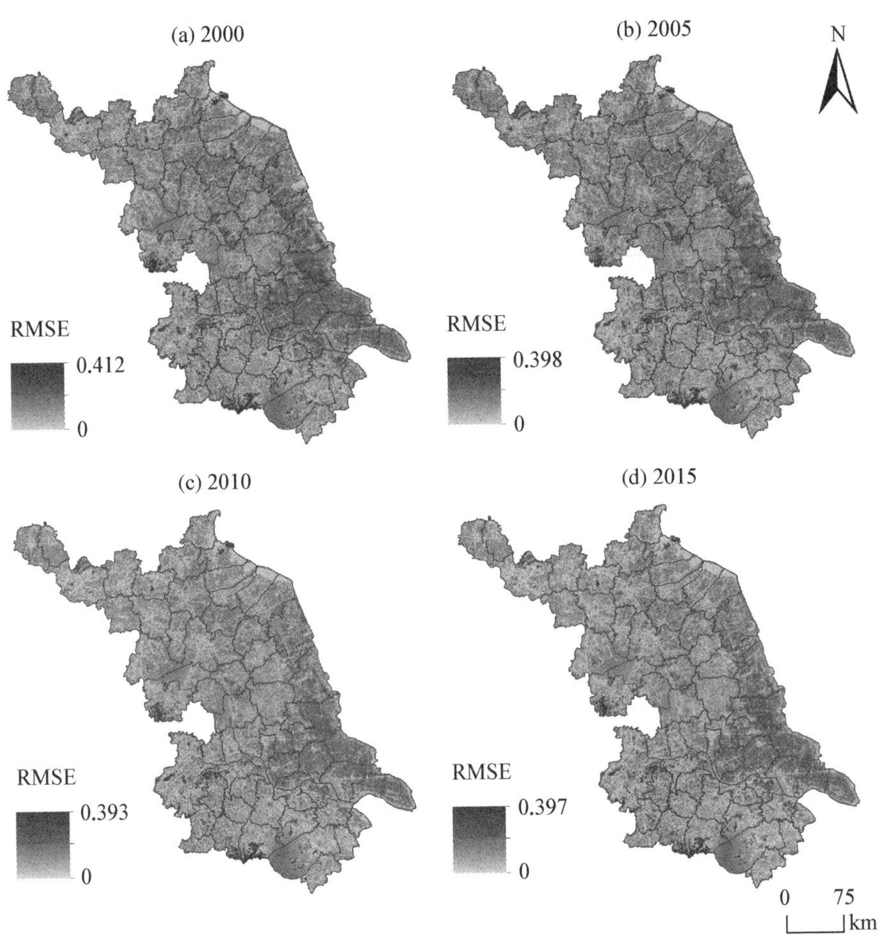

图 5-5　2000—2015 年格网尺度下江苏省生活功能与生态功能权衡空间分布

使人口、产业集聚效应不断增强，道路交通体系不断完善，休闲游憩服务能力也不断提升，生活功能显著增强，而城镇化发展对区域水资源、土壤、气候、生境等自然生态系统造成了一定损害，生态功能有所下降，进而导致“生活—生态”功能权衡呈增强趋势。此外，这一时期盐城大丰市、射阳县等地“生活—生态”功能权衡增强也较为显著，主要是这些区域拥有大面积的滩涂湿地资源，注重水资源、土壤、生物栖息地的保护与修复，生态功能提升显著，但与其他区域相比，这些区域总体经济实力偏弱，产业发展动力不足，生活功能相对偏弱。

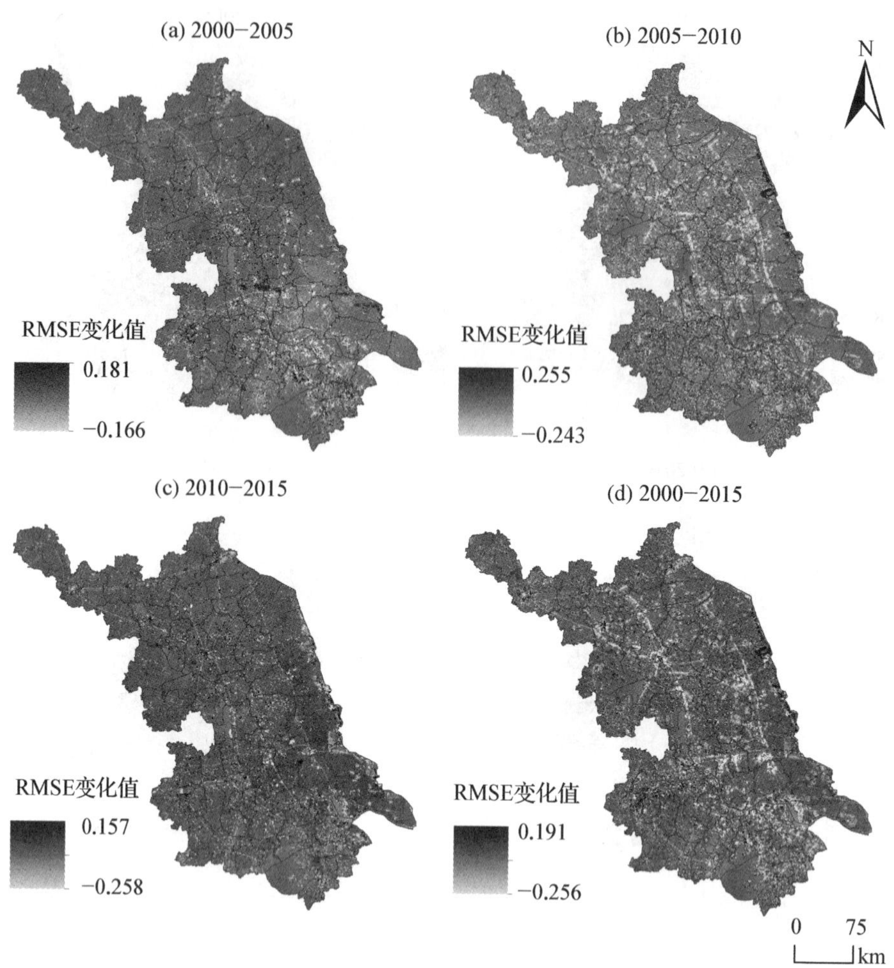

图 5-6　2000—2015 年格网尺度下江苏省生活功能与生态功能权衡时空变化分布

2010—2015 年，江苏省"生活—生态"功能权衡总体呈现增强趋势[图 5-6(c)]，其中盐城东台市，南通市区、如东县、如皋市、海门市、启东市以及泰州泰兴市、姜堰市等地"生活—生态"功能权衡增强尤为显著，主要是由于这一时期区域加强沿海防护林带建设，洪水调蓄、防风固沙等生态功能显著增强，但区域产业结构层次偏低，综合经济实力偏弱，生产功能处于较低水平，从而致使"生活—生态"功能权衡突出。这一时期，连云港、徐州、宿迁、淮安、盐城等江苏北部地区"生活—生态"功能权衡变化幅度较小。

综合而言，2000—2015 年，江苏省“生活—生态”功能权衡总体呈现减弱趋势[图 5－6(d)]，并且江苏北部地区“生活—生态”功能权衡减弱更为明显，主要是由于早期区域生态功能处于较高水平，生活功能处于较低水平，“生活—生态”功能权衡突出，但研究期间区域生态功能总体呈现减弱趋势，生活功能呈现增强趋势，使得区域“生活—生态”功能权衡减弱。此外，研究期间，盐城射阳县、大丰市等地“生活—生态”功能权衡有所增强，主要是由于区域注重湿地等生态系统保护与修复，同时注重加强区域沿海防护林建设，生态功能有所增强，但产业发展和人口集聚等则滞后于其他地区，致使生活功能有所减弱。

5.1.4　“生产—生活—生态”功能权衡时空特征

格网尺度下，2000 年、2005 年、2010 年、2015 年江苏省生产功能、生活功能、生态功能(以下简称“‘生产—生活—生态’功能”)权衡空间分布结果如图 5－7 所示。基于 GIS 平台，研究进一步将不同时点“生产—生活—生态”功能权衡图层进行叠加分析，得到 2000—2005 年、2005—2010 年、2010—2015 年以及 2000—2015 年四个不同时间段江苏省“生产—生活—生态”功能权衡时空变化分布结果(见图 5－8)。

从图 5－7 可以看出，2000—2015 年，江苏省“生产—生活—生态”功能权衡 RMSE 高值区主要分布在南京市区、常州溧阳市、无锡宜兴市、淮安盱眙县以及连云港市区等地的低山丘陵分布区，主要是由于这些地区优良的自然条件使得区域生态功能处于较高水平，但区域生产功能、生活功能则呈现低水平分布，从而使得区域“生产—生活—生态”功能权衡强度高。此外，盐城大丰市、东台市，南通市区、如东县、如皋市、海门市、启东市等江苏沿海地区因分布着大面积大范围的滩涂湿地，生态功能亦处于较高水平，但相对而言，区域生产功能和生活功能水平则较低，因此与生态功能之间形成较为明显的权衡关系。

从图 5－8(a)可以看出，2000—2005 年，江苏省“生产—生活—生态”功能权衡增强的区域主要分布在南京市区、苏州市区、常州市区、无锡市区等南部地区以及连云港灌云县、灌南县，盐城响水县、滨海县、阜宁县等北部地

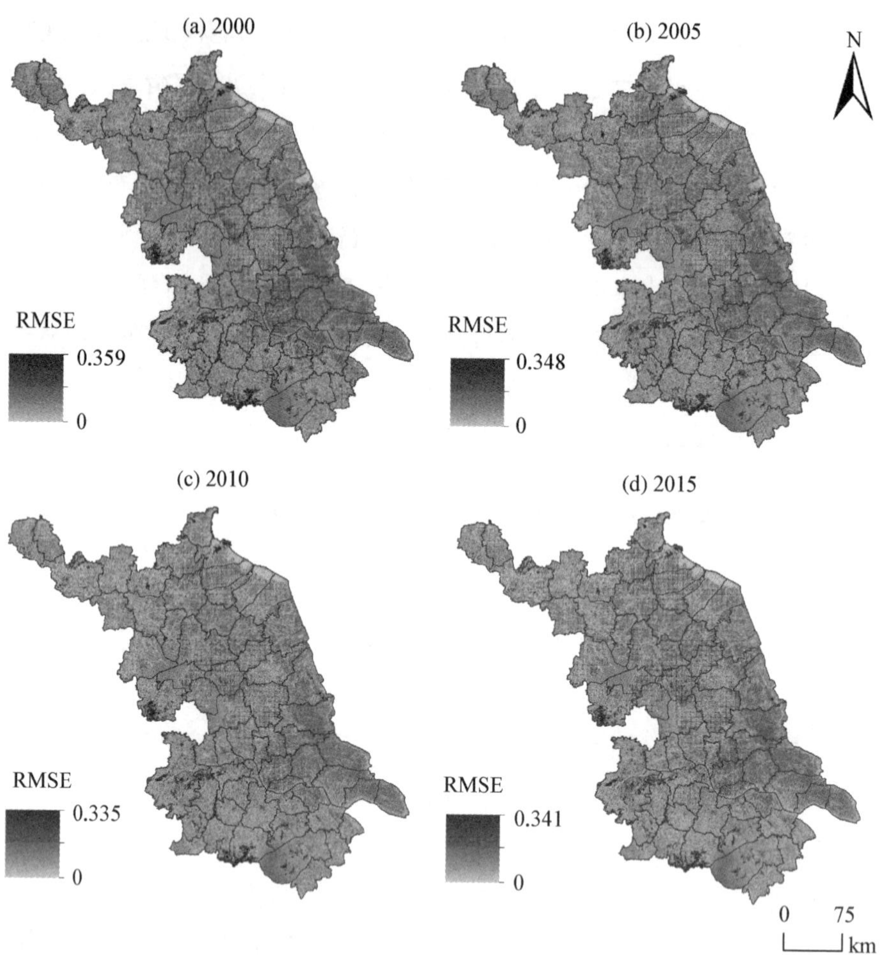

图 5-7　2000—2015 年格网尺度下江苏省“生产—生活—生态”功能权衡空间分布

区，主要是由于这一时期南京市区、苏州市区、常州市区、无锡市区等南部地区城镇化发展更为快速，生活功能显著增强，但是区域生产功能与生态功能减弱较为明显；而这一时期连云港灌云县、灌南县，盐城响水县、滨海县、阜宁县等北部地区生产功能和生态功能显著增强，但区域产业结构层次偏低，经济发展动力相对不足，生活功能总体呈现较低水平。

2005—2010 年，江苏省“生产—生活—生态”功能权衡总体呈现“南增北减”态势[图 5-8(b)]。其中，除南京市区、苏州市区、无锡市区，南京、镇江、常州、无锡、苏州等南部地区“生产—生活—生态”功能权衡总体呈现低水平增强趋势，主要是由于这一时期这些区域大力推进城镇化建设，人口和产业集聚效应不断增强，生活功能显著提升，但由于农业生产比较效益下降，农业生产积极性不高，存在抛荒现象，农业生产功能有所下降，并且大范围的国土开发利用使得区域生态环境也遭受破坏，生态功能呈减弱趋势。盐城市区、响水县、滨海县、阜宁县，连云港市区，徐州市区等江苏北部地区“生产—生活—生态”功能权衡减弱较为明显，主要是由于这一时期区域大幅扩展综合交通网络规模，促进产业结构层次提升，推动人口集聚，增强其生活功能，进而弱化“生产—生活—生态”功能之间的权衡关系。

2010—2015 年，江苏省“生产—生活—生态”功能权衡总体呈现增强趋势[图 5 - 8(c)]。其中，扬州宝应县、高邮市、江都市，泰州兴化市、姜堰市、泰兴市等中部地区“生产—生活—生态”功能权衡增强最为显著，主要是由于这一时期区域大力推进耕地保护和高标准基本农田建设，提升农业生产功能，并且注重水土修复治理，加强林草地保护，增强区域生态功能，但与其他区域相比，这些地区经济综合实力提升缓慢，人口和产业集聚能力偏弱，生活功能有所下降。盐城大丰市、东台市、射阳县，南通如东县等江苏沿海地区“生产—生活—生态”功能权衡则有所减弱，主要是由于这些区域在此期间注重滩涂湿地等生态系统保护修复，同时不断加强区域沿海防护林建设和农田水利设施建设，提升区域生态功能和农业生产功能，同时注重发挥区域的自然环境优势，大力推进休闲旅游产业，带动区域生活功能提升，使得“生产—生活—生态”功能更加协调发展。

综合而言，2000—2015 年，江苏省“生产—生活—生态”功能权衡减弱的区域主要分布在盐城市区、东台市，南通市区、海安县、如东县等沿海地区[图 5 - 8(d)]，主要是由于研究期间这些区域注重提升区域产业结构层次，积极推进铁路、水运、公路等基础设施建设，促进人口和产业集聚，提升区域生活功能，但在此背景下区域原有较高水平的农业生产功能和生态功能则呈现下降趋势，从而使得“生产—生活—生态”功能总体上呈现更为均衡的发展态势。研究期间，连云港灌云县、灌南县，盐城滨海县、射阳县、建湖县、阜宁县等江苏北部地区和南京市区、苏州市区、无锡市区、常州市区、镇江句容市等江苏南部地区“生产—生活—生态”功能权衡呈现增强趋势。这主要是由于江苏南部地区快速城镇化发展促使生活功能显著增强，一定程度上挤占了农业生产和自然生态空间，使得区域生产功能和生态功能大幅减弱；而江苏北部地区中心城市发展动力不足，生活功能发展受限，区域大力推进农业基础设施建设，发展规模农业生产与经营，提升生产功能，但在此过程中产生的农业面源污染等对生态环境又造成一定损害，使得区域生态功能有所减弱，由此形成较高水平的"生产—生活—生态"功能权衡。

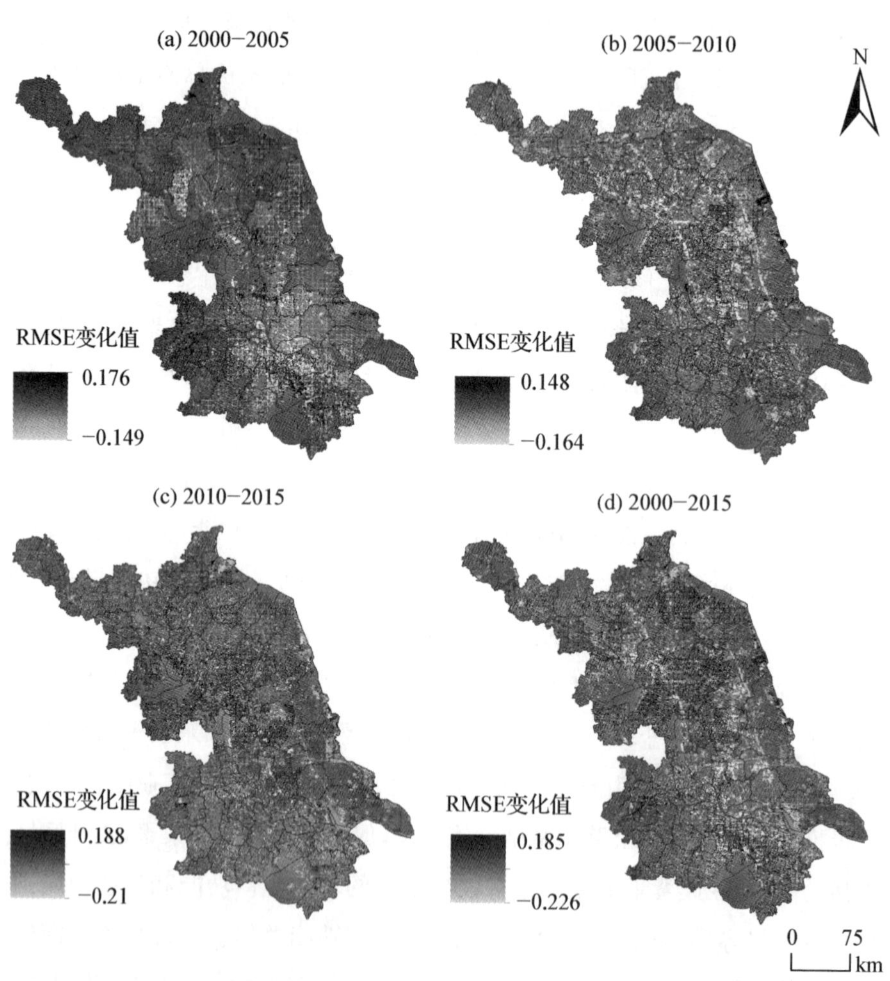

图 5-8 2000—2015 年格网尺度下江苏省"生产—生活—生态"功能权衡时空变化分布

5.1.5　土地利用功能权衡时空演化模式

根据 2000—2015 年江苏省各项土地利用功能权衡时空变化结果，以不同类型土地利用功能权衡在研究期间不同研究时段的变化情况为基础，划分江苏省“生产—生活”功能权衡、“生产—生态”功能权衡、“生活—生态”功能权衡以及“生产—生活—生态”功能权衡变化模式(见表 5 - 1)，最终形成基于格网尺度的九类土地利用功能时空演化模式(见图 5 - 9)。

1.“生产—生活”功能权衡变化模式

从图 5 - 9(a)可以看出，2000—2015 年，江苏省“生产—生活”功能权衡变化模式最为显著的是“先减后增”减弱型和“先减后增”增强型，其面积分别占全省“生产—生活”功能权衡变化区域总面积的 22.01％和 19.61％；其次连续减弱型、波动减弱型和波动增强型变化模式也相对分布较广，其面积占比分别为 11.45％、11.25％、10.86％。其中，“生产—生活”功能权衡“先减后增”减弱型主要分布在盐城东台市，南通市区、海安县、如东县、如皋市、海门市、启东市等江苏沿海地区；“生产—生活”功能权衡“先减后增”增强型主要分布在徐州市区、新沂市、睢宁县、丰县，宿迁沭阳县，连云港东海县，盐城射阳县等江苏北部地区。

2.“生产—生态”功能权衡变化模式

从图 5 - 9(b)可以看出，2000—2015 年，江苏省“生产—生态”功能权衡变化模式最为显著的是“先增后减”减弱型、“先增后减”增强型和波动增强型，其面积占比分别为 21.96％、16.41％、14.61％。其次是波动减弱型和“先减后增”增强型变化模式分布相对较广，其面积占比分别为 12.87％和 10.63％。其中，“生产—生态”功能权衡“先增后减”减弱型主要分布在徐州市，连云港赣榆县，盐城市区、射阳县等江苏北部地区；“生产—生态”功能权衡“先增后减”增强型主要分布在苏州市区、吴江市、常熟市，南京市区、镇江句容市等江苏南部地区以及南通启东市、如东县，盐城东台市等江苏沿海地区；“生产—生态”功能权衡波动增强型主要分布在盐城市区、大丰市、射阳县等江苏东部沿海地区。

表 5-1　2000—2015 年江苏省土地利用功能权衡变化模式分类标准

时间段	2000—2005	2005—2010	2010—2015	2000—2015	权衡变化类型
变化趋势	↑	↑	↑	↑	连续增强型
	↑	↑	—	↑	
	↑	—	—	↑	
	—	↑	↑	↑	
	—	—	↑	↑	
	—	↑	—	↑	
	↑	—	↑	↑	
	↑	↑	↓	↑	“先增后减”增强型
	↑	↓	↓	↑	
	↑	↓	—	↑	
	↑	—	↓	↑	
	—	↑	↓	↑	
	↑	↓	↑	↑	波动增强型
	↓	↑	↓	↑	
	↓	↓	↑	↑	“先减后增”增强型
	↓	↑	↑	↑	
	↓	↑	—	↑	
	↓	—	↑	↑	
	—	↓	↑	↑	
	↑	↑	↓	↓	“先增后减”减弱型
	↑	↓	↓	↓	
	↑	↓	—	↓	
	↑	—	↓	↓	
	—	↑	↓	↓	
	↑	↓	↑	↓	波动减弱型
	↓	↑	↓	↓	

时间段	2000—2005	2005—2010	2010—2015	2000—2015	权衡变化类型
变化趋势	↓	↓	↑	↓	“先减后增”减弱型
	↓	↑	↑	↓	
	↓	↑	—	↓	
	↓	—	↑	↓	
	—	↓	↑	↓	
	↓	↓	↓	↓	连续减弱型
	↓	↓	—	↓	
	↓	—	—	↓	
	—	↓	↓	↓	
	—	—	↓	↓	
	—	↓	—	↓	
	↓	—	↓	↓	
	↑	↑	↓	—	总体稳定型
	↑	↓	↓	—	
	↑	↓	—	—	
	↑	—	↓	—	
	—		↓	—	
	↑	↓	↑	—	
	↓	↑	↓	—	
	↓	↓	↑	—	
	↓	↑	↑	—	
	↓	↑	—	—	
	↓	—	↑	—	
	—	↓	↑	—	
	—	—	—	—	

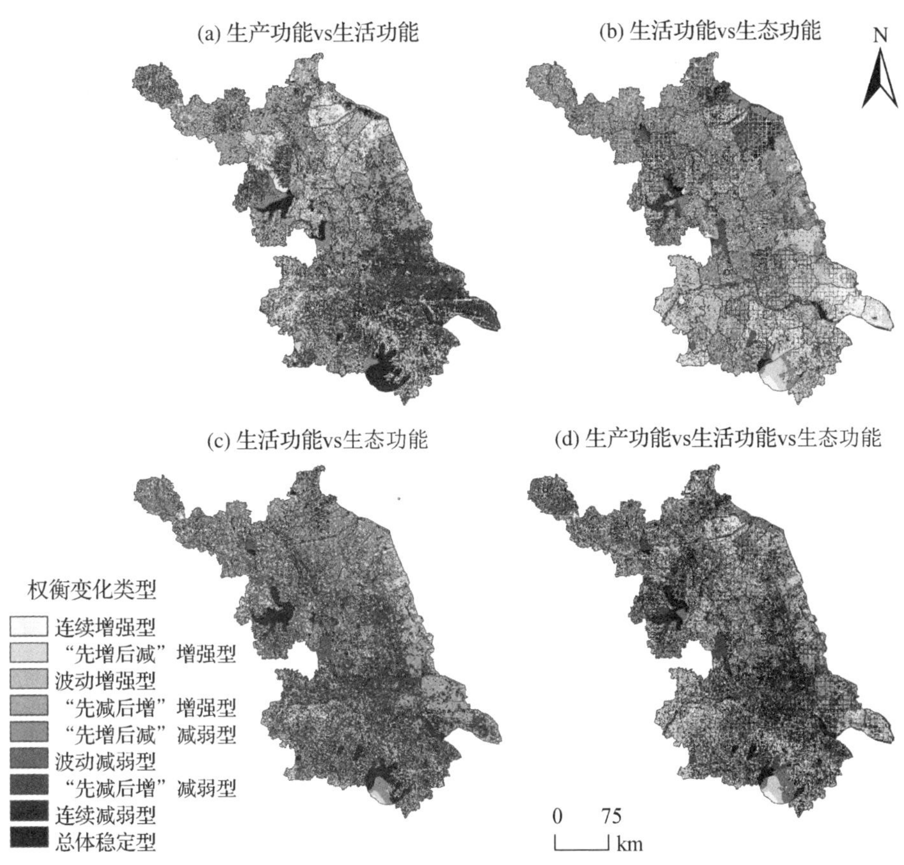

图 5-9 2000—2015 年格网尺度下江苏省土地利用功能权衡时空演化模式

3.“生活—生态”功能权衡变化模式

从图 5-9(c)可以看出,2000—2015 年,江苏省“生活—生态”功能权衡变化模式最为显著的是“先增后减”减弱型、波动减弱型和“先减后增”减弱型,其面积占比分别为 21.20%、19.11%、17.85%。其次是连续减弱型和“先减后增”增强型变化模式分布相对较广,其面积占比分别为 14.40%和 9.56%。其中,“生活—生态”功能权衡“先增后减”减弱型主要分布在盐城东台市、响水县、滨海县、射阳县,南通市区、如东县、海门市,连云港灌云县、灌南县等江苏东部沿海地区以及徐州市区、丰县、沛县,宿迁市区、沭阳县,淮安涟水县,连云港东海县等江苏北部地区;“生活—生态”功能权衡波动减弱型主要分布在淮安市区、金湖县、盱眙县、洪泽县、涟水县,宿迁市区,徐州市区，连云港赣榆县等江苏北部地区；“生活—生态”功能权衡“先减后增”减弱型主要分布在南京市区，扬州仪征市、江都市，泰州市区、靖江市、泰兴市，南通海安市等江苏中南部地区。

4.“生产—生活—生态”功能权衡变化模式

从图 5 - 9(d)可以看出，2000—2015 年，江苏省“生产—生活—生态”功能权衡变化模式最为显著的是“先减后增”减弱型、波动减弱型和“先增后减”减弱型，其面积占比分别为 17.82%、19.11%、17.85%。其次是连续减弱型和“先减后增”增强型变化模式分布相对较广，其面积占比分别为 14.40%和 9.56%。“生产—生活—生态”功能权衡“先减后增”减弱型主要集中分布在泰州泰兴市、姜堰市、靖江市，南通如皋市、海安县等江苏中部地区；“生产—生活—生态”功能权衡波动减弱型则在徐州市区、邳州市、丰县、沛县、睢宁县，连云港市区、赣榆县，盐城市区、响水县、射阳县等江苏北部地区分布更为集中；“生产—生活—生态”功能权衡“先增后减”减弱型主要分布在连云港灌云县，盐城响水县、滨海县、大丰市，南通市区、如东县等江苏东部沿海地区以及徐州市区、邳州市、新沂市、丰县、沛县，淮安涟水县等江苏北部地区。

5.2 县域尺度下江苏省土地利用功能权衡时空特征

研究基于县域尺度，根据 5.1 节中基于格网尺度的各项土地利用功能权衡空间分布结果，在 ArcGIS 10.2 平台支持下，采用 Zonal Statistics 工具分别得到县域尺度下 2000 年、2005 年、2010 年、2015 年江苏省“生产—生活—生态”三项土地利用功能两两之间以及三者之间权衡的空间分布结果（见图 5 - 10 至图 5 - 13）。

5.2.1 生产功能与生活功能权衡时空特征

县域尺度下，2000 年、2005 年、2010 年、2015 年江苏省“生产—生活”功能权衡空间分布结果如图 5 - 10 所示。从图 5 - 10(a)可以看出，县域尺度下，2000 年江苏省“生产—生活”功能权衡最显著的区域为泰州姜堰市、泰兴市、靖江市和南通海安县，其 RMSE 值均高于 0.1，分别为 0.114、0.112、0.108 和 0.102。2000 年，全省范围内“生产—生活”功能权衡 RMSE 值介于 0.04～0.06 以及 0.06～0.08 这两个区间的县级行政区数量最多，分别为 28 个和 21 个，占全省县级行政区总数的 44.44% 和 33.33%，这表明这一时点江苏省“生产—生活”功能权衡总体处于中等水平。其中，“生产—生活”功能权衡 RMSE 值介于 0.04～0.06 的区域主要分布在徐州市区、睢宁县，宿迁市区、泗洪县，淮安盱眙县、洪泽县、金湖县，南京市区、高淳县等江苏西部

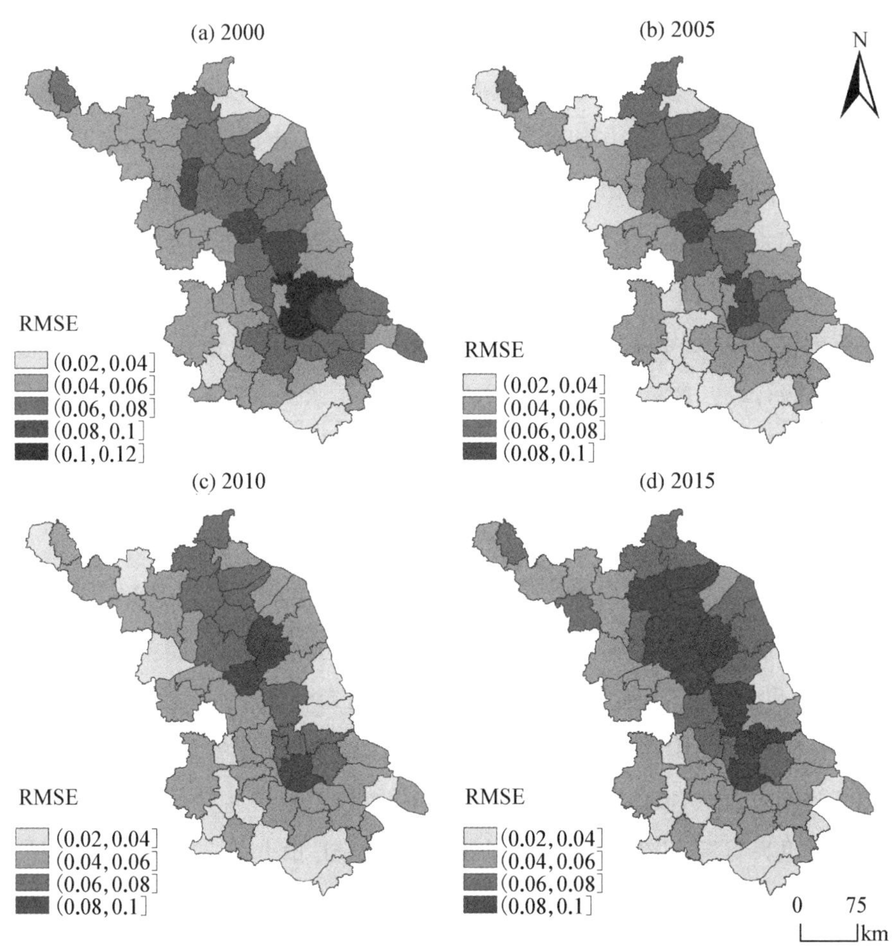

图 5-10　2000—2015 年县域尺度下江苏省生产功能与生活功能权衡空间分布

地区;“生产—生活”功能权衡 RMSE 值介于 0.06～0.08 的区域主要分布在连云港东海县,宿迁沭阳县,淮安市区、涟水县,盐城市区、阜宁县、建湖县、射阳县等江苏北部地区和南通市区、如东县、启东市,苏州常熟市、张家港市等东南部地区。

从图 5-10(b)可以看出,县域尺度下,2005 年,江苏省“生产—生活”功能权衡较之 2000 年呈明显减弱趋势,RMSE 值介于 0.04～0.06 区间的县级行政区数量最多,为 28 个,占县级行政区总数的 44.44%。泰州姜堰市、泰兴市,盐城阜宁县,扬州宝应县“生产—生活”功能权衡最为显著,RMSE 值均在 0.08～0.1 之间,分别为 0.095、0.092、0.091 和 0.081。“生产—生活”功能权衡 RMSE 值介于 0.06～0.08 的县级行政区数量由 21 个减为 14 个,且主要分布在连云港、淮安等江苏北部地区;江苏南部地区“生产—生活”功能权衡减弱更为明显,其中南京溧水县、高淳县,镇江市区、句容市,常州金坛市、溧阳市,无锡宜兴市,苏州市区、吴江市等地“生产—生活”功能权衡 RMSE 值均介于 0.02～0.04 之间,权衡减弱显著且处于较低水平。

从图 5-10(c)可以看出,县域尺度下,2010 年,江苏省“生产—生活”功能权衡较之 2005 年变化较小且处于中等水平,RMSE 值介于 0.04～0.06 区间的县级行政区数量仍最多,为 32 个,占县级行政区总数的 50.79%。扬州宝应县、泰州泰兴市、靖江市,盐城建湖县、阜宁县等地“生产—生活”功能权衡最为显著,RMSE 值均在 0.08—0.1 之间,分别为 0.086、0.084、0.082、0.081、0.081。此外,江苏北部地区“生产—生活”功能权衡强度仍高于南部地区,RMSE 值均介于 0.02～0.04 之间的较低水平权衡区域仍主要分布在江苏南部地区,但是范围有所缩小,主要分布在南京溧水县、高淳县,镇江句容市,常州金坛市,无锡宜兴市,苏州市区、吴江市等地。

从图 5-10(d)可以看出,县域尺度下,2015 年,江苏省“生产—生活”功能权衡较之 2010 年总体呈现增强趋势,其中北部地区“生产—生活”功能权衡增强更为明显。“生产—生活”功能权衡 RMSE 值介于 0.08～0.1 之间的县级行政区数量增至 13 个,主要分布在连云港灌云县、灌南县,宿迁沭阳县,淮安市区、涟水县,盐城阜宁县、建湖县等江苏北部地区。“生产—生活”功能权衡 RMSE 值高于 0.02 的县级行政区数量达 52 个,占全省县级行政区总数的 82.54%，仅南京溧水县、高淳县，镇江句容市，常州金坛市，无锡宜兴市，苏州市区、吴江市等部分江苏南部地区“生产—生活”功能权衡 RMSE 值低于 0.02。

5.2.2　生产功能与生态功能权衡时空特征

县域尺度下，2000 年、2005 年、2010 年、2015 年江苏省“生产—生态”功能权衡空间分布结果如图 5 - 11 所示。从图 5 - 11(a)可以看出，县域尺度下，2000 年江苏省“生产—生态”功能权衡最显著的区域为无锡宜兴市、连云港市区和淮安盱眙县，RMSE 值分别为 0.089、0.089 和 0.083。江苏省“生产—生态”功能权衡较高的区域主要分布在南京市区、溧水县，镇江句容市，常州溧阳市，苏州市区等江苏南部地区，RMSE 值介于 0.06～0.08 之间。2000 年，江苏省“生产—生态”功能权衡 RMSE 值介于 0.04～0.06 和0.02～0.04 这两个区域的县级行政区数量最多，分别为 30 个和 21 个，占全省县级行政区总数的 47.62%和 33.33%，表明这一时点江苏省“生产—生态”功能权衡总体处于较低水平。其中，“生产—生态”功能权衡 RMSE 值介于 0.04～0.06 之间的区域主要分布在江苏西南部地区和东南部地区，RMSE 值介于 0.02～0.04 之间的区域主要分布在江苏中北部地区。

从图 5 - 11(b)可以看出，县域尺度下，与 2000 年相比，2005 年江苏省“生产—生态”功能权衡呈现较为明显的增强趋势，其中江苏南部地区“生产—生态”功能权衡增强更为显著，RMSE 值介于 0.08～0.1 高值区的县级行政区增加至 7 个，其中 4 个位于江苏南部地区，分别为镇江句容市、无锡宜兴市、苏州市区、南京市区，RMSE 值分别为 0.096、0.094、0.088、0.085。江苏省“生产—生态”功能权衡 RMSE 值介于 0.02～0.04 之间的县级行政区增加至 15 个，占全省县级行政区总数的 23.81%，主要位于江苏南部地区和东部地区。江苏省“生产—生态”功能权衡 RMSE 值介于 0.04～0.06 和 0.02～0.04 这两个区域的县级行政区数量分别为 24 个和 17 个，分别占全省县级行政区总数的 38.10%和 26.98%，较 2000 年分别减少 9.52 和6.35个百分点。

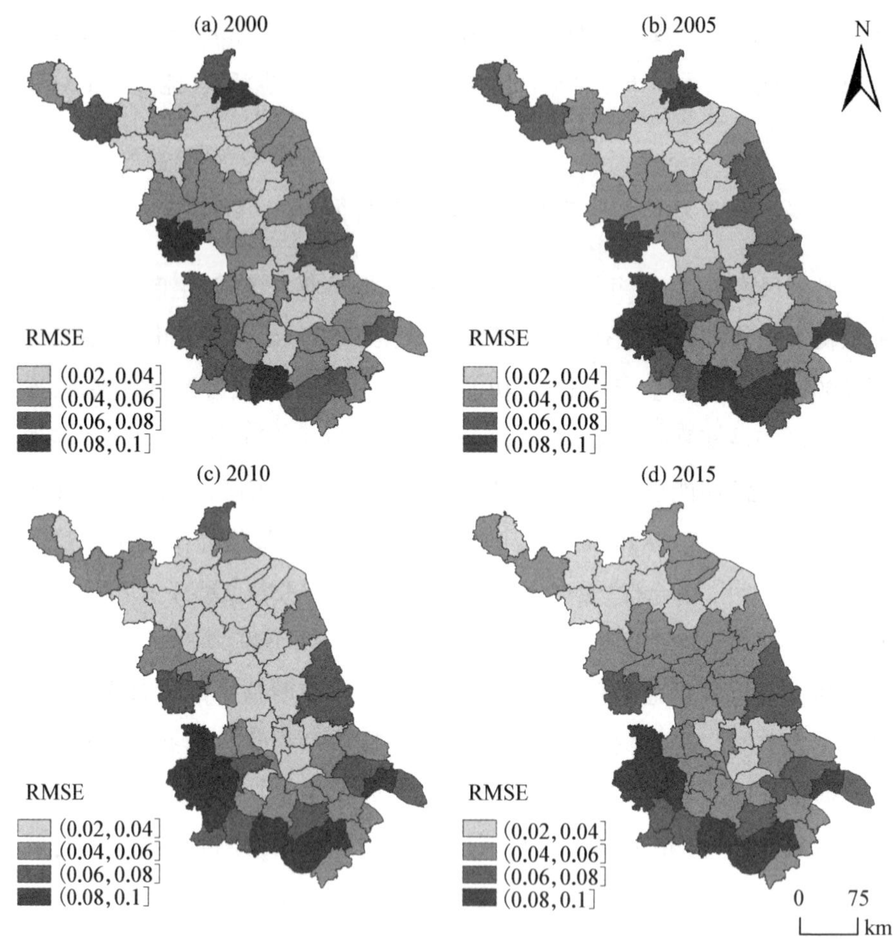

图 5-11　2000—2015 年县域尺度下江苏省生产功能与生态功能权衡空间分布

从图 5-11(c)可以看出，县域尺度下，2010 年江苏省南部地区“生产—生态”功能权衡仍然处于较高水平，RMSE 值介于 0.08～0.1 之间的区域主要分布在镇江句容市、苏州市区、无锡宜兴市，南京市区、溧水县等地。江苏省“生产—生态”功能权衡 RMSE 值介于 0.06～0.08 和 0.04～0.06 这两个区间的区域也主要分布在江苏南部地区。然而，这一时点，江苏省“生产—生态”功能权衡 RMSE 值介于 0.02～0.04 之间的县级行政区数量最多，为 26 个，占全省县级行政区总数的 41.27%，且主要分布在连云港、宿迁、淮安、盐城等江苏北部地区，表明 2010 年江苏北部地区“生产—生态”功能权衡总体处于较低水平，且与 2005 年相比，权衡减弱较为明显。

从图 5-11(d)可以看出，县域尺度下，2015 年江苏省“生产—生态”功能权衡 RMSE 高值区仍主要分布在南京市区、镇江句容市、苏州市区、无锡宜兴市等南部地区。“生产—生态”功能权衡 RMSE 值介于 0.06～0.08 之间的县级行政区数量最多，达到 33 个，占全省县级行政区总数的 52.38%，RMSE 值介于 0.02～0.04 之间的县级行政区数量减少至 15 个，表明这一时点江苏省“生产—生态”功能权衡总体上处于较高水平。特别是，宿迁泗阳县，淮安市区、洪泽县、金湖县，盐城市区、阜宁县、建湖县，扬州宝应县、高邮市，泰州兴化市等江苏中北部地区“生产—生态”功能增强显著。

5.2.3 生活功能与生态功能权衡时空特征

县域尺度下，2000 年、2005 年、2010 年、2015 年江苏省“生活—生态”功能权衡空间分布结果如图 5-12 所示。从图 5-12(a)可以看出，县域尺度下，2000 年江苏省“生活—生态”功能权衡高值区主要集中分布在南通市区、海门市、启东市、如皋市、如东县、海安县，盐城东台市等江苏东部沿海地区，RMSE 值均达到 0.1 以上。江苏省各县(区)“生活—生态”功能权衡 RMSE 值均高于 0.06，总体处于较高水平。其中，RMSE 值介于 0.06～0.08 之间的县级行政区数量最多，达到 36 个，占全省县级行政区总数的 57.14%；RMSE 值介于 0.08～0.1 之间的县级行政区为 17 个，占省县级行政区总数的 26.98%。

从图 5-12(b)可以看出，与 2000 年相比，2005 年江苏省“生活—生态”功能权衡总体上变化较小，功能权衡高值区仍主要集中分布在南通海门市、启东市、如皋市、如东县、海安县，盐城东台市等江苏东部地区，但 RMSE 值高于 0.1 的县级行政区数量由 10 个减少至 6 个。“生活—生态”功能权衡 RMSE 值仍主要介于 0.06～0.1 这一区间内，RMSE 值介于 0.06～0.08之间的县级行政区数量最多，为 33 个，占全省县级行政区总数的52.38%；RMSE 值介于 0.08～0.1 之间的县级行政区为 22 个，占全省县级行政区总数的 34.92%。另外，“生活—生态”功能权衡 RMSE 值介于0.04～0.06 之间的区域主要包括苏州昆山市和常州市区。

从图 5-12(c)可以看出，与 2005 年相比，2010 年江苏省“生活—生态”

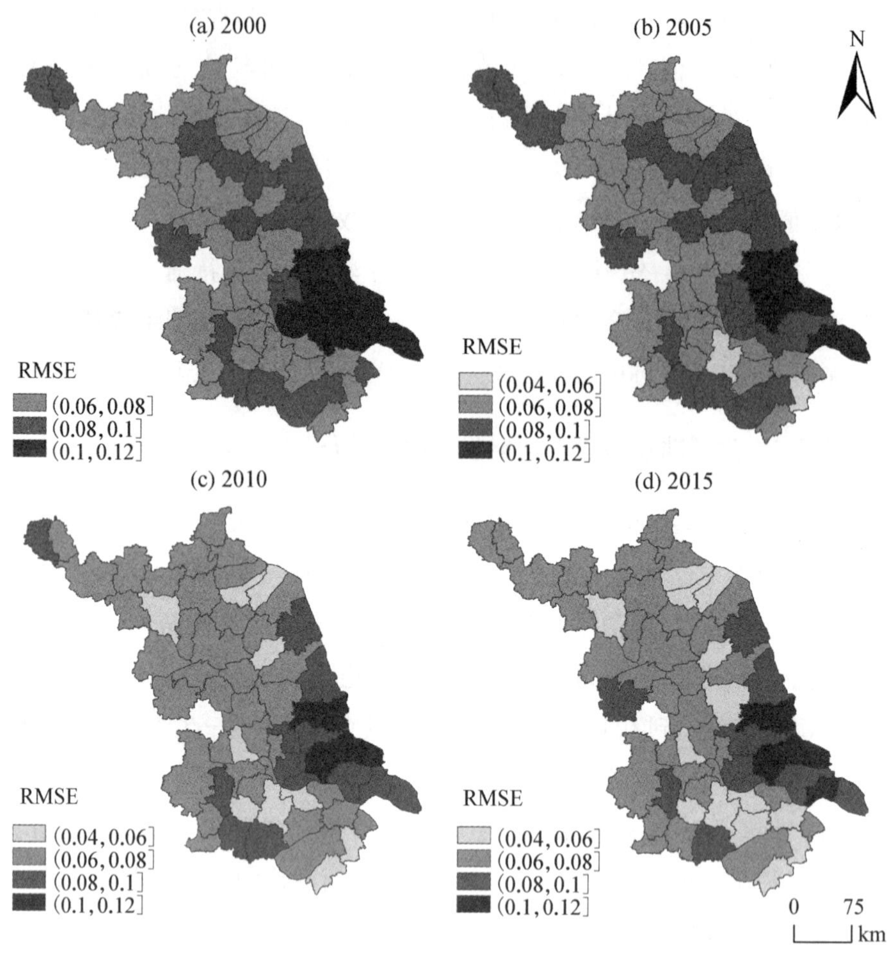

图 5－12　2000—2015 年县域尺度下江苏省生活功能与生态功能权衡空间分布

功能权衡总体上略有减弱。其中，RMSE 值高于 0.1 的区域主要包括南通如皋市、如东县，盐城东台市 3 个县级行政区；RMSE 值介于 0.08～0.1 之间的县级行政区减少至 12 个，占全省县级行政区总数的 19.05％，较 2005 年下降 15.87 个百分点。“生活—生态”功能权衡 RMSE 值介于 0.04～0.06 之间的县级行政区数量增至 10 个，占全省县级行政区总数的 15.87％，较 2005 年增加 12.7 个百分点。然而，这一时点江苏省“生活—生态”功能权衡 RMSE 值介于 0.06～0.08 之间的县级行政区数量仍最多，为 37 个，占全省县级行政区总数的 58.73％，权衡关系仍处于较高水平。

从图 5-12(d)可以看出，江苏南部地区“生活—生态”功能权衡呈现一定程度减弱趋势，RMSE 值介于 0.04～0.06 之间的区域主要分布在常州市区、金坛市，无锡市区、江阴市，苏州吴江市、昆山市、常熟市等江苏南部地区。“生活—生态”功能权衡 RMSE 值介于 0.04～0.06 之间的县级行政区数量进一步增至 14 个，占全省县级行政区总数的 22.22%。“生活—生态”功能权衡 RMSE 值高值区仍主要分布在江苏东部沿海地区，其中，南通海门市、如皋市、如东县，盐城东台市等地“生活—生态”功能权衡 RMSE 值高于 0.1，权衡关系处于较高水平。总体上看，江苏北部地区“生活—生态”功能权衡处于中等水平，变化较小。

5.2.4 “生产—生活—生态”功能权衡时空特征

县域尺度下，2000 年、2005 年、2010 年、2015 年江苏省“生产—生活—生态”功能权衡空间分布结果如图 5-13 所示。从图 5-13(a)可以看出，县域尺度下，2000 年江苏省“生产—生活—生态”功能权衡 RMSE 值介于 0.06～0.08 之间的县级行政区数量最多，达到 39 个，占全省县级行政区总数的 61.90%，表明江苏省“生产—生活—生态”功能权衡总体处于中等水平。江苏省“生产—生活—生态”功能权衡 RMSE 高值区主要分布在南通市区、海门市、启东市、如皋市、如东县、海安县，盐城东台市等江苏东部沿海地区，RMSE 值介于 0.08～0.1 之间。另有 11 个县级行政区“生产—生活—生态”功能权衡 RMSE 值介于 0.04～0.06 之间，功能权衡水平相对较低。

从图 5-13(b)可以看出，县域尺度下，与 2000 年相比，2005 年江苏南部地区“生产—生活—生态”功能权衡有所减弱，RMSE 值介于 0.04～0.06 之间的低水平权衡区域主要分布在南京高淳县，常州市区、金坛市，无锡江阴市，苏州吴江市、昆山市、常熟市等江苏南部地区。此外，2005 年，“生产—生活—生态”功能权衡 RMSE 值介于 0.04～0.06 之间的县级行政区数量有所增多，为 18 个，占全省县级行政区总数的 28.57%，较 2000 年增加 11.11 个百分点。江苏省“生产—生活—生态”功能权衡 RMSE 高值区仍主要分布在南通海门市、启东市、如东县，盐城东台市等东部沿海地区。

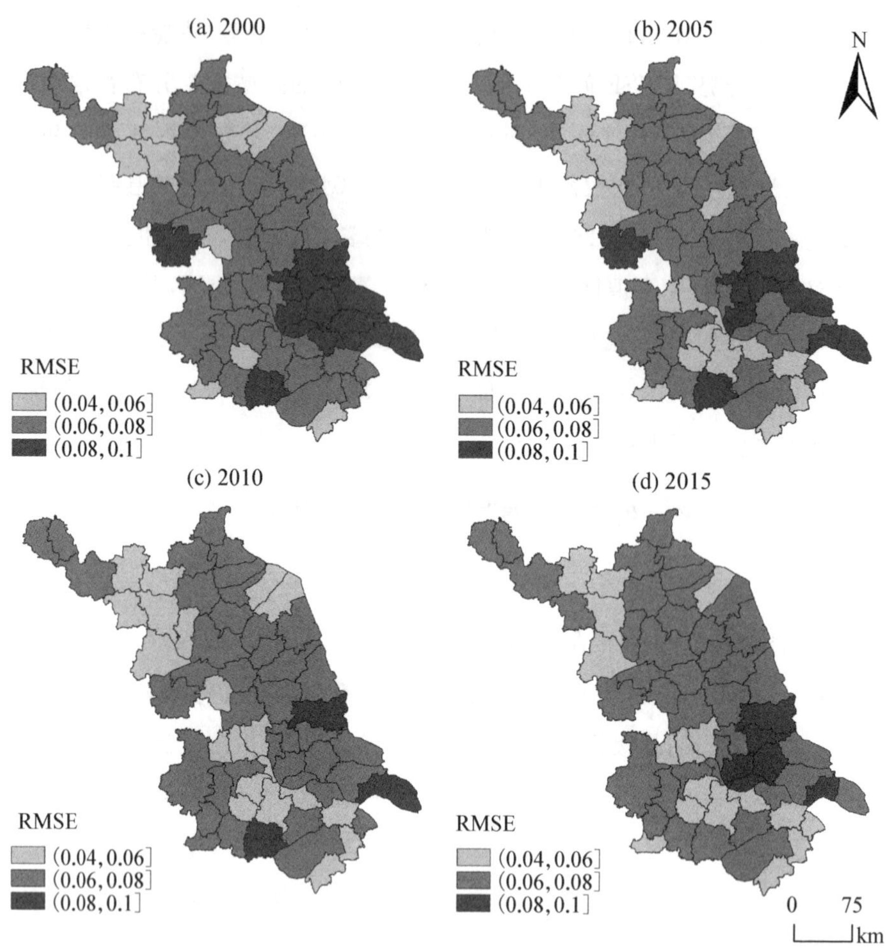

图 5-13　2000—2015 年县域尺度下江苏省"生产—生活—生态"功能权衡空间分布

从图 5-13(c)可以看出，县域尺度下，与 2005 年相比，2010 年江苏省"生产—生活—生态"功能权衡总体上有所减弱，其中东部沿海地区"生产—生活—生态"功能权衡减弱尤为明显。"生产—生活—生态"功能权衡 RMSE 值介于 0.08～0.1 之间的县级行政区减少至 4 个，仅占全省县级行政区总数的 6.35%，较 2005 年下降 7.94 个百分点。全省"生产—生活—生态"功能权衡 RMSE 值仍主要介于 0.06～0.08 之间，其所在县级行政区数量为 39 个，占全省县级行政区总数的 61.90%。

从图 5-13(d)可以看出，县域尺度下，2015 年江苏省"生产—生活—生态”功能权衡分布与2010年较为相似，变化不大。“生产—生活—生态”功能权衡RMSE值介于0.06～0.08之间的县级行政区仍最多，为40个，占全省县级行政区总数的比例达63.49％。其次，“生产—生活—生态”功能权衡RMSE值介于0.04～0.06之间的区域分布也较多，数量为17个，占全省县级行政区总数的比例达26.98％；RMSE值介于0.08～0.1之间的县级行政区仅有6个，主要分布在南通如皋市、海安县、海门市，盐城东台市，泰州泰兴市、靖江市等地。

5.3　区域尺度下江苏省土地利用功能权衡时空特征

研究进一步基于区域尺度，根据5.2节中基于县域尺度的各项土地利用功能权衡空间分布结果，汇总求均值得到区域尺度下2000年、2005年、2010年、2015年江苏省“生产—生活—生态”三项土地利用功能两两之间以及三者之间权衡的空间分布结果（见图5－14）。其中，苏南地区包括南京市、苏州市、无锡市、常州市、镇江市等5个城市的19个县级行政区；苏中地区包括南通市、扬州市、泰州市等3个城市的16个县级行政区；苏北地区包括徐州市、连云港市、宿迁市、淮安市、盐城市等5个城市的28个县级行政区。

从图5－14(a)可以看出，2000—2015年，苏中地区“生产—生活”功能权衡最为显著，但研究期间总体呈现减弱趋势。其中，2000年苏中地区“生产—生活”功能权衡RMSE值最高，为0.078，2015年RMSE值减为0.067，主要是由于研究期初苏中地区生产功能处于较高水平，但区域中心城市发展动力不足，产业层次偏低，人口和产业集聚水平有限，生活功能处于较低水平，从而形成较强的“生产—生活”功能权衡关系，研究期间区域注重优化产业结构，提高综合经济实力，加快建设交通路网，增强区域生活功能，从而减弱了“生产—生活”功能权衡。研究期间，苏南地区“生产—生活”功能权衡处于较低水平且呈减弱趋势，2015年区域“生产—生活”功能权衡RMSE值仅为0.041；而苏北地区“生产—生活”功能权衡则呈增强趋势，2015年区域“生产—生活”功能权衡RMSE值达到0.065，主要是由于与其他地区相比，苏北地区生产功能增强趋势明显，但生活功能仅略有增强，变化幅度不够明显，从而使得“生产—生活”功能权衡关系不断凸显。

从图 5－14(b)可以看出，2000—2015 年，苏南地区“生产—生态”功能权衡最为显著，且呈现逐渐增强趋势，RMSE 值由 2000 年的 0.056 增加至 2015 年的 0.064，主要是由于研究期间区域快速城镇化发展挤占了农业生产空间，使得生产功能大幅度减弱，加剧了区域“生产—生态”功能权衡关系。苏中地区和苏北地区“生产—生态”功能权衡总体上均处于中等水平，研究期间这两个区域“生产—生态”功能权衡 RMSE 值均在 0.04 上下浮动，变化幅度较小。

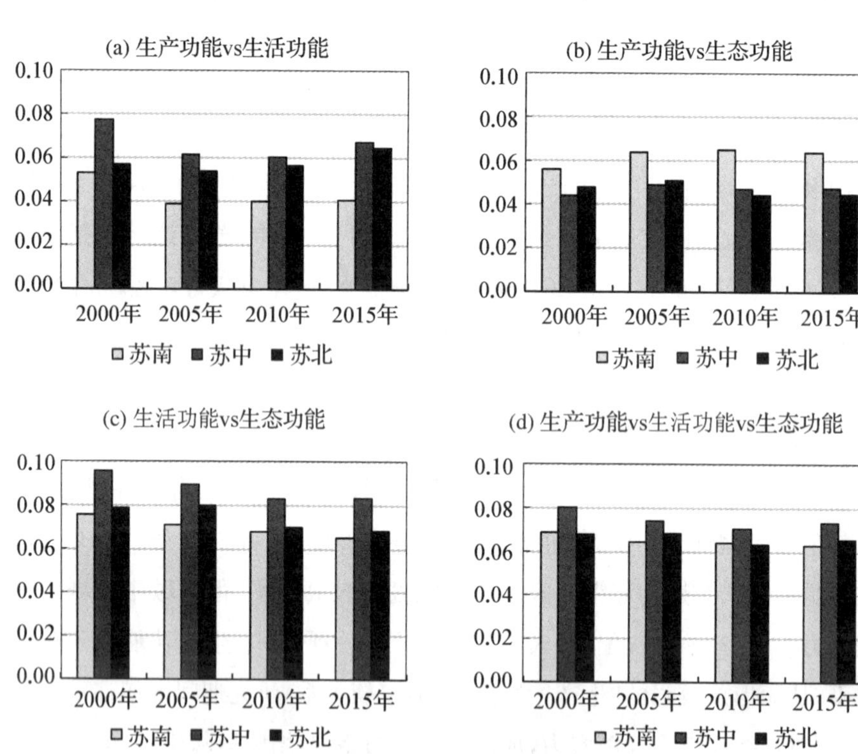

图 5－14　2000—2015 年江苏省不同区域土地利用功能权衡变化分布

从图 5－14(c)可以看出，2000—2015 年，江苏省三个区域“生活—生态”功能权衡均处于较高水平，但研究期间权衡关系总体上均呈现减弱趋势。其中，苏中地区“生活—生态”功能权衡关系最为显著，2000—2015 年

“生活—生态”功能权衡 RMSE 值均高于 0.08，主要是由于区域生活功能总体处于较低水平，但区域自然环境条件优良，生境质量、气候调节等生态功能较强，从而形成较高水平的“生活—生态”功能权衡关系。研究期间，苏南地区和苏北地区“生活—生态”功能权衡 RMSE 值均介于 0.06～0.08 之间，且总体呈减弱趋势，主要是由于研究期初区域生态环境质量较高，生态功能处于较高水平，但生活功能水平偏低，从而使得“生活—生态”功能权衡关系处于较高水平，研究期间区域不断促进人口和产业集聚，大力推进交通路网建设，提升区域生活功能，减弱“生活—生态”功能权衡。

从图 5-14(d)可以看出，2000—2015 年，江苏省三个区域“生产—生活—生态”功能权衡 RMSE 值均处于 0.06～0.08 区间，权衡关系总体处于较高水平，但研究期间略呈减弱趋势。其中，苏中地区“生产—生活—生态”功能权衡最为显著，2000 年三项功能之间权衡 RMSE 值为 0.08，期间权衡呈现不断减弱趋势，主要是由于研究期间区域生活功能不断增强，但快速城镇化发展挤占了农业生产空间和生态空间，对生态环境造成了一定负面影响，使得区域原有较高水平的生产功能和生态功能有所减弱。

5.4　本章小结

本章结合第二章 2.2.3 节中所述的土地利用功能权衡测度方法，基于格网尺度定量测度了 2000 年、2005 年、2010 年、2015 年四个时间断面下江苏省不同类型土地利用功能权衡关系及权衡强度，并分析研究期内不同类型土地利用功能权衡的时空变化特征及变化模式。在此基础上，进一步基于县域行政区尺度综合分析不同类型土地利用功能权衡的时空变化特征，基于区域尺度分析不同类型土地利用功能权衡的变化差异。研究结果表明：

(1) 格网尺度下，江苏省“生产—生活”功能权衡总体呈现“北增南减”态势，且以“先减后增”减弱型和“先减后增”增强型变化模式为主，2005—2015 年，“生产—生活”功能权衡总体呈增强趋势。“生产—生态”功能权衡总体呈现增强趋势，权衡增强显著的区域重点分布在江苏东南部地区，以

“先增后减”增强型和波动增强型变化为主。“生活—生态”功能权衡总体呈现减弱趋势，且以“先增后减”减弱型、波动减弱型和“先减后增”减弱型变化为主；2000—2005 年，“生活—生态”功能权衡总体呈“北增南减”之势，2005—2010 年，“生活—生态”功能权衡总体呈“南增北减”之势。“生产—生活—生态”功能权衡于 2005—2010 年间呈现“南增北减”态势，于 2010—2015 年间呈现增强趋势，研究期间权衡变化以“先减后增”减弱型、波动减弱型和“先增后减”减弱型为主。

(2) 从区域视角来看，研究期内，县域尺度下，江苏省“生产—生活”功能权衡 RMSE 值主要介于 0.04～0.08 区间，且权衡呈现“北移”特征；“生产—生态”功能权衡 RMSE 高值区仍主要分布在南京市区、镇江句容市、苏州市区、无锡宜兴市等南部地区；“生活—生态”功能权衡和“生产—生活—生态”功能权衡高值区仍主要集中分布在南通海门市、启东市、如皋市、如东县、海安县，盐城东台市等江苏东部沿海地区。区域尺度下，2000—2015 年，苏中地区“生产—生活”功能权衡最为显著，但研究期间总体呈现减弱趋势；苏南地区“生产—生态”功能权衡最为显著，且呈现逐渐增强趋势；江苏省全域“生活—生态”功能权衡和“生产—生活—生态”功能权衡均处于较高水平，但研究期间权衡关系总体上均呈现减弱趋势。

第六章　土地利用功能权衡影响机制分析

6.1　土地利用功能权衡影响因子选取及其特征分析

6.1.1　土地利用功能权衡影响因子选取

基于“生产—生活—生态”三项功能的内涵特征以及各项二级土地利用功能的度量方法，结合不同类型土地利用功能权衡的时空分布特征，参照现有关于土地利用功能权衡影响机制的研究成果(孙丕苓，2017；Bai et al.，2020)，综合确定本研究中土地利用功能权衡影响因素包括三种类型，分别是自然环境因素、地理区位因素和景观格局因素。其中，自然环境因素主要包括坡度、地形指数、土壤质地、蒸散量、土地利用类型、植被覆盖度六项因子指标；区位因素主要包括距最近县城距离、距最近乡镇距离、距最近农村居民点距离、距最近县乡及以上道路的距离、距最近生态用地距离五项因子指标；景观因素主要包括聚集度、蔓延度、景观形状指数、香农多样性指数四项因子指标。具体影响因子指标及其计算方法或者数据来源见表 6－1。

表 6-1　土地利用功能权衡影响因子指标体系

影响因素	影响因子	代码	计算方法或数据来源	单位
自然环境因素	坡度	X_1	基于 DEM，采用 ArcGIS 平台 Slope 工具获取	°
	地形指数	X_2	$\ln(E/E_0+1)\times(S/S_0+1)$	—
	土壤质地	X_3	全国第二次土壤普查数据集	—
	蒸散量	X_4	MOD16A3	mm
	土地利用类型	X_5	土地利用现状遥感监测数据	—
	植被覆盖度	X_6	$(NDVI-NDVI_{min})/(NDVI_{max}-NDVI_{min})\times100\%$	%
地理区位因素	距最近县城距离	X_7	采用 ArcGIS 平台 Near 工具获取	m
	距最近乡镇距离	X_8	采用 ArcGIS 平台 Near 工具获取	m
	距最近农村居民点距离	X_9	采用 ArcGIS 平台 Near 工具获取	m
	距最近县乡及以上道路距离	X_{10}	采用 ArcGIS 平台 Near 工具获取	m
	距最近生态用地距离	X_{11}	采用 ArcGIS 平台 Near 工具获取	m
景观格局因素	聚集度	X_{12}	采用 Fragstat 计算获取	—
	蔓延度	X_{13}	采用 Fragstat 计算获取	—
	景观形状指数	X_{14}	采用 Fragstat 计算获取	—
	香农多样性指数	X_{15}	采用 Fragstat 计算获取	—

注：E 和 S 分别为某点的高程和坡度、E_0 和 S_0 分别为该点所在区域的平均高程和平均坡度。

6.1.2　土地利用功能权衡影响因子特征分析

根据第二章 2.2.4 小节所述，本研究采用地理探测器探测不同类型土地利用功能权衡的空间分异性。地理探测器擅长分析类型量，而根据 6.1.1 小节确定并测算得出的各项影响因子为连续变量，为此需要对各项影响因子进行适当的离散化，结合各项影响因子的分布特征将其划分为不同的类型变量(见表 6-2)，进而便于利用地理探测器对各项影响因子进行统计分析，探测不同类型土地利用功能权衡的主导因子以及在不同影响因子类型区的差异性分布特征。

表 6－2　土地利用功能权衡各项影响因子分类标准

分类 影响因子	Ⅰ	Ⅱ	Ⅲ	Ⅳ	Ⅴ
坡度(°)	0～2	2～6	6～15	15～25	≥25
地形指数	≤0	0～0.1	0.1～0.2	0.2～0.3	>0.3
土壤质地	砂土	壤土	黏壤土	黏土	—
蒸散量(mm)	0～1 100	1 100～1 200	1 200～1 300	1 300～1 400	≥1 400
土地利用类型	耕地	林地	草地	水域	建设用地
植被覆盖度(%)	0～20	20～40	40～60	60～80	80～100
距最近县城距离(km)	0～10	10～20	20～30	30～40	40～50
距最近乡镇距离(km)	0～5	5～10	10～15	15～20	≥20
距最近农村居民点距离(km)	0～1	1～2	2～3	3～4	≥4
距最近县乡及以上道路的距离(km)	0～2	2～4	4～6	6～8	≥8
距最近生态用地距离(km)	0～1	1～2	2～3	3～4	≥4
聚集度	0～80	80～85	85～90	90～95	95～100
蔓延度	0～20	20～40	40～60	60～80	80～100
景观形状指数	0～1.2	1.2～1.5	1.5～1.8	1.8～2.1	≥2.1
香农多样性指数	0～0.2	0.2～0.4	0.4～0.6	0.6～0.8	0.8～1

此外，研究进一步基于 ArcGIS 平台实现各项土地利用功能权衡影响因子的空间化表达(见图 6－1 至图 6－3)，据此明晰不同类型影响因子的空间分布特征。

由图 6－1 可知，在土地利用功能权衡自然环境影响因子中，坡度为 0～2°的区域所占比重较大，江苏西部地区坡度整体上高于东部地区，尤其是南京市、镇江句容市、常州溧阳市等西南部地区，丘陵、山地分布较多，坡度多大于 2°，且以 2°～6°为主，地形指数主要处于 0～0.1 之间；南京市区、溧水县，镇江句容市，常州溧阳市，无锡宜兴市等江苏西南部地区地形指数较高，多高于 0.2。江苏省土壤质地以黏壤土为主，所在区域面积占全省土地总面积的 48.55%，在全省范围内均有分布；其次壤土分布也相对较广，占全省土地总面积的 21.31%，主要集中分布在南通市区、海门市、启东市、如皋市、如东县、海安县，泰州泰兴市、靖江市、姜堰市，扬州江都市等江苏中部沿江沿海地区。

此外，由图 6 - 1 可知，2000—2015 年江苏省蒸散量介于 1 300～1 400 mm的区域分布最多，并且更加集中分布在江苏北部地区。江苏南部地区蒸散量水平相对偏低，但与 2000 年相比，2005 年区域蒸散量总体上有所提升。2005 年，全省蒸散量高于 1 300 mm 的区域面积占全省土地总面积的 71.18%，其中蒸散量高于 1 400 mm 的区域面积占全省土地总面积的

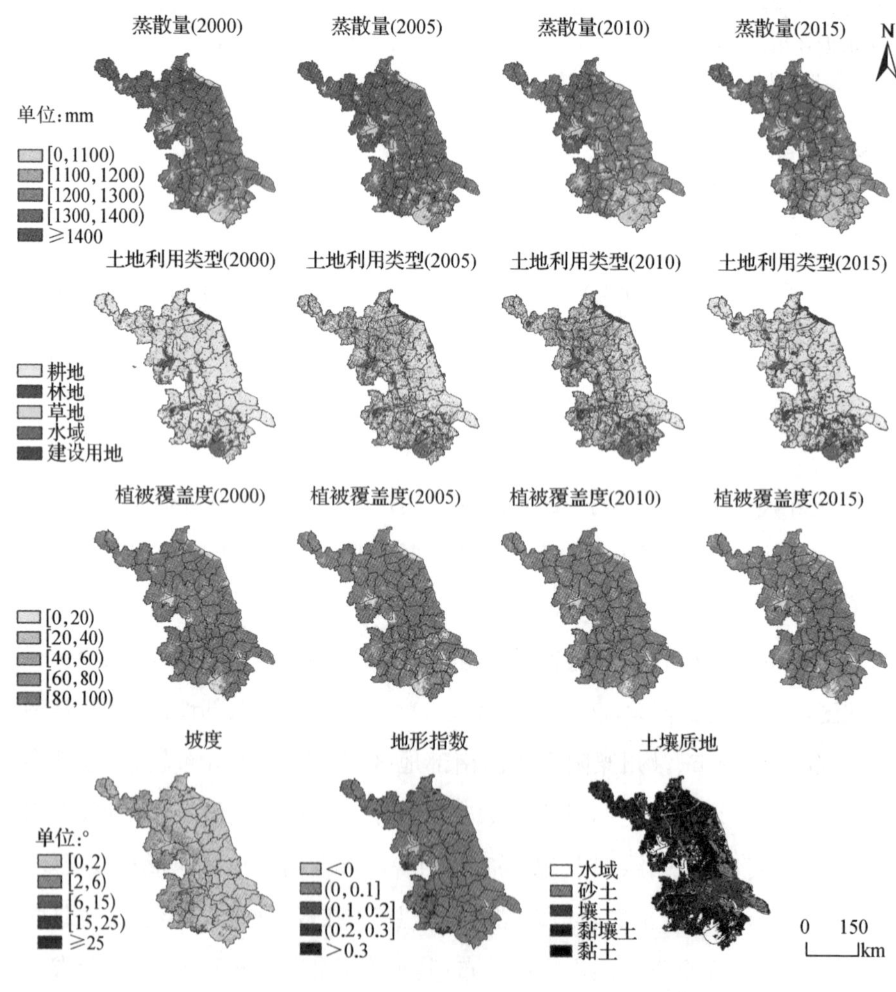

图 6 - 1　土地利用功能权衡自然环境影响因子空间分布

28.77%。但此后，全省蒸散量水平有所下降，2010 年和 2015 年全省蒸散量主要介于 1 200～1 400 mm 之间，蒸散量高于 1 400 mm 的区域面积占全省土地总面积的比重不到 6%。2000—2015 年，全省分布着大量集中连片的耕地，但期间建设用地数量呈现持续增长态势，尤其是江苏南部地区建设用地数量增加更为显著，耕地面积整体呈现不断缩减趋势，全省范围内未利用地数量较少，且林地主要分布在江苏西南部丘陵山区。2000 年，全省植被覆盖度高于 80%的区域面积占全省土地总面积的 69.62%，比重较大，植被覆盖度低于 60%的区域面积仅占全省土地总面积的 19.01%；2015 年，全省植被覆盖度总体有所下降，植被覆盖度高于 80%的区域面积占全省土地总面积的比重下降至 58.22%，植被覆盖度介于 60%～80%之间的区域面积占全省土地总面积的比重上升至 20.62%。

根据图 6－2 可知，格网尺度下，距最近县城距离为 10～20 km 的区域分布最广，其面积占全省土地总面积的 44.51%；其次，距最近县城距离为 20～30 km 和 0～10 km 的区域分布也较多，其面积分别占全省土地总面积

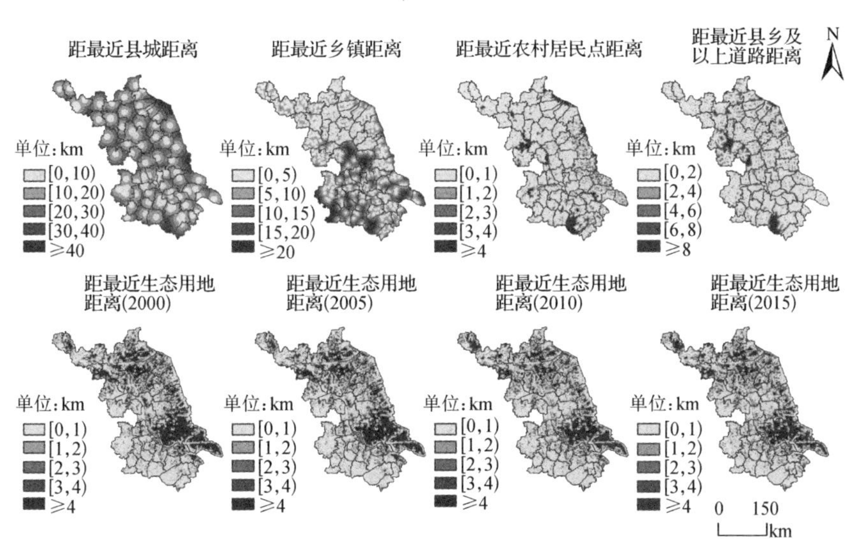

图 6－2　土地利用功能权衡地理区位影响因子空间分布

的 24.84%和 22.50%。距最近乡镇距离 0～5 km 和 5～10 km 的区域分布最多,其面积占全省土地总面积的 45.17%和 32.19%,其中距最近乡镇距离 0～5 km 的区域主要分布在江苏北部地区,距最近乡镇距离 5～10 km 的区域主要分布在江苏南部地区和东部地区。距最近农村居民点距离0～1 km 的区域分布最多,其面积占全省土地总面积的 73.59%,其次是距最近农村居民点距离 1～2 km 的区域分布较多,其面积占全省土地总面积的 12.69%。距最近县乡及以上道路距离 0～1 km 的区域分布最多,其面积占全省土地总面积的 70.49%。距最近生态用地距离为 0～1 km 的区域分布最多,2000 年其面积占全省土地总面积的 55.00%,2015 年其面积占全省土地总面积的比重提升至 57.37%。

由图 6－3 可知,格网尺度下,2000—2015 年,江苏省各类用地聚集度主要分布在 95～100 和 90～95 区间范围内,处于这两个区间范围内的区域面积占全省土地总面积的比重达到 65%以上,表明江苏省各类用地总体呈现集聚分布态势。研究期间,江苏省各类用地蔓延度主要集中分布在 0～60 区间范围内,其中蔓延度为 0～20 的区域分布最多,其面积占全省土地总面积的 31%以上,表明区域景观是具有多种要素的密集格局,总体上景观破碎程度较高;其次蔓延度为 20～40 和 40～60 的区域面积均分别占全省土地总面积的 22%以上。江苏省各类用地景观形状指数主要集中分布在0～1.8 区间范围内,其中景观形状指数为 0～1.2 的区域面积占全省土地总面积的 33%以上,比重最高,表明区域景观形状相对较为规则,复杂程度偏低,总体上景观破碎程度较高;其次景观形状指数为 1.2～1.5 和 1.5～1.8 的区域面积分别占全省土地总面积的 20%和 23%。江苏省各类用地香农多样性指数为 0～0.2 区间的区域分布最广,其面积占全省土地总面积的 34%以上,表明区域景观异质性程度总体较低;香农多样性指数为 0.4～0.6 和 0.6～0.8这两个区间的区域占比分别达到 20%和 18%,表明江苏省部分地区景观异质性程度偏高,且主要分布在江苏南部地区。盐城大丰市、东台市,南通市区、海门市、启东市、如皋县等江苏沿海地区蔓延度、景观形状指数和香农多样性指数相对偏低,表明区域各类用地之间形成了良好的连接性,且景观形状较为规整,景观同质性程度较高。

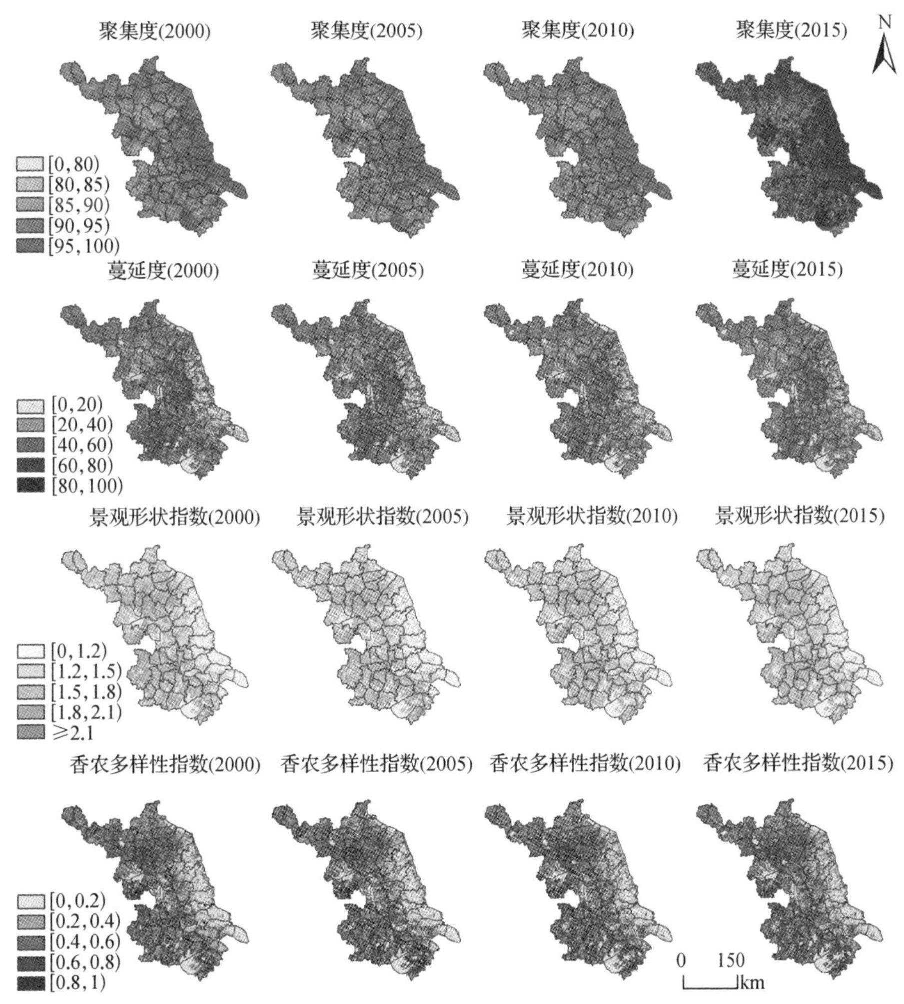

图 6-3　土地利用功能权衡景观格局影响因子空间分布

6.2　江苏省土地利用功能权衡主导因子识别

基于 RStudio 平台，研究引入 GD1.9-R 程序包测度格网尺度下不同类型影响因子对江苏省各项土地利用功能权衡空间分布的解释程度，即 q 值，并根据 q 值大小进一步明晰各项土地利用功能权衡的主导因子。

6.2.1 生产功能与生活功能权衡主导因子识别

根据R程序包运行结果，2000—2015年，不同类型影响因子对江苏省"生产—生活"功能权衡的解释程度q值如表6-3所示。从表6-3可以看出，2000—2015年间，除坡度因子外，所有其他因子对江苏省"生产—生活"功能权衡的影响均呈现显著状态。其中，距最近生态用地距离是"生产—生活"功能权衡最主要的影响因子。2000年，距最近生态用地距离这一因子对江苏省"生产—生活"功能权衡的解释程度q值最高，为0.116；研究期间其对"生产—生活"功能权衡的影响总体呈减弱趋势，2015年其解释程度q值下降至0.092。

其次，如表6-3所示，土壤质地、蒸散量、土地利用类型三项自然环境因子对江苏省"生产—生活"功能权衡的解释程度也处于较高水平，2000年其q值分别为0.065、0.045、0.042。2000—2015年，土壤质地对"生产—生活"功能权衡的影响程度总体上较为稳定，期间有所波动，2015年其解释程度q值为0.066；蒸散量和土地利用类型对"生产—生活"功能权衡的影响程度总体呈现增强趋势，期间亦有所波动，2015年其解释程度q值分别为0.054和0.056。

此外，由表6-3可知，地形指数、距最近县乡及以上道路距离、植被覆盖度三项因子对江苏省"生产—生活"功能权衡的影响程度也相对较高，2000年其解释程度q值分别为0.031、0.028、0.025，且研究期间各因子的影响程度均在波动中略有减弱，2015年其解释程度q值分别为0.029、0.027、0.021。2000—2015年，聚集度、蔓延度、景观形状指数、香农多样性指数等景观格局因子对"生产—生活"功能权衡的影响程度总体处于较低水平，其解释程度q值均低于0.02；坡度对"生产—生活"功能权衡的影响则表现出不显著的状态。

表 6-3　生产功能与生活功能权衡各项影响因子 q 值分布及其显著性

影响因子	q 值及其显著性							
	2000		2005		2010		2015	
	q	sig	q	sig	q	sig	q	sig
坡度	0.002	2.71E～10	0.000	8.50E～05	0.000	3.93E～04	0.000	2.08E～01
地形指数	0.031	3.28E～10	0.016	8.82E～10	0.024	1.24E～10	0.029	1.02E～10
土壤质地	0.065	1.15E～10	0.026	6.99E～10	0.046	8.96E～10	0.066	8.46E～11
蒸散量	0.045	1.86E～10	0.012	7.52E～10	0.020	1.78E～10	0.054	8.76E～11
土地利用类型	0.042	1.16E～10	0.016	1.69E～10	0.030	1.12E～10	0.056	3.73E～10
植被覆盖度	0.025	2.69E～10	0.011	1.12E～10	0.017	1.31E～10	0.021	8.07E～10
距最近县城距离	0.017	1.18E～10	0.010	1.00E～09	0.014	1.92E～10	0.012	1.42E～10
距最近乡镇距离	0.007	9.33E～10	0.008	2.81E～10	0.017	5.35E～10	0.023	1.46E～10
距最近农村居民点距离	0.019	1.15E～10	0.007	6.80E～10	0.016	6.21E～10	0.024	7.03E～11
距最近县乡及以上道路距离	0.028	2.60E～10	0.015	1.85E～10	0.022	9.88E～11	0.027	8.58E～10
距最近生态用地距离	0.116	5.91E～10	0.067	2.42E～10	0.071	1.85E～10	0.092	7.68E～10
聚集度	0.019	7.26E～10	0.011	1.67E～10	0.012	2.22E～10	0.014	1.22E～10
蔓延度	0.006	4.82E～10	0.002	1.03E～10	0.004	5.00E～10	0.007	5.21E～11
景观形状指数	0.006	7.87E～11	0.003	2.43E～11	0.003	4.50E～11	0.005	6.60E～10
香农多样性指数	0.016	8.05E～11	0.007	1.18E～10	0.009	6.46E～10	0.016	8.87E～10

6.2.2 生产功能与生态功能权衡主导因子识别

根据 R 程序包运行结果，2000—2015 年，不同类型影响因子对江苏省“生产—生态”功能权衡的解释程度 q 值如表 6-4 所示。从表 6-4 可以看出，2000—2015 年，所有选取的因子对江苏省“生产—生态”功能权衡的影响均呈现显著状态。其中，研究期间，土地利用类型是“生产—生态”功能权衡最主要的影响因子，其对江苏省“生产—生态”功能权衡的解释程度 q 值始终保持在 0.3 以上，远远高于其他因子的影响程度。根据表 6-4，2000 年土地利用类型对“生产—生态”功能权衡的解释程度 q 值最高，为 0.362，研究期间其对“生产—生态”功能权衡的影响呈现一定程度的减弱趋势，2015 年土地利用类型对“生产—生态”功能权衡的解释程度 q 值为 0.304。其次，如表 6-4 所示，地形指数和坡度两项自然环境因子对“生产—生态”功能权衡的解释程度也处于较高水平，但研究期间两项因子的影响程度总体上也呈现逐步减弱趋势。2000 年，坡度和地形指数对“生产—生态”功能权衡的解释程度 q 值分别为 0.233 和 0.133；2015 年，其解释程度 q 值分别为 0.202 和 0.119。

由表 6-4 可知，2000—2015 年，距最近生态用地距离、距最近农村居民点距离、距最近县乡及以上道路距离、距最近乡镇距离四项地理区位因子对江苏省“生产—生态”功能权衡也产生了一定程度的影响，其解释程度 q 值均高于 0.02。研究期间，距最近生态用地距离、距最近农村居民点距离、距最近县乡及以上道路距离三项地理区位因子对“生产—生态”功能权衡的影响程度呈现明显减弱趋势，2000 年其解释程度 q 值分别为 0.045、0.037、0.026，但 2015 年 q 值分别下降为 0.027、0.029、0.022；距最近乡镇距离对“生产—生态”功能权衡的影响总体呈现增强趋势，其间其解释程度 q 值从 2000 年的 0.023 增加至 2015 年的 0.036。

此外，如表 6-4 所示，土壤质地和香农多样性指数两项因子对江苏省“生产—生态”功能权衡空间分布也具有一定解释力，但其解释程度 q 值总体偏低并且在研究期间呈现逐渐减弱趋势。总体而言，聚集度、蔓延度、景观形状指数等景观格局因子对“生产—生态”功能权衡的影响程度较小，其解释程度 q 值均在 0.01 上下浮动，总体较为稳定。

表 6-4　生产功能与生态功能权衡各项影响因子 q 值分布及其显著性

影响因子	q 值及其显著性							
	2000		2005		2010		2015	
	q	sig	q	sig	q	sig	q	sig
坡度	0.133	4.62E～10	0.130	4.13E～10	0.134	4.51E～10	0.119	7.43E～10
地形指数	0.233	5.05E～10	0.230	7.46E～10	0.231	6.48E～10	0.202	7.24E～10
土壤质地	0.025	1.86E～10	0.024	8.28E～11	0.030	6.73E～10	0.022	3.10E～10
蒸散量	0.018	1.70E～10	0.008	3.55E～10	0.014	6.11E～10	0.020	4.70E～11
土地利用类型	0.362	3.53E～10	0.303	9.10E～10	0.289	6.33E～10	0.304	5.24E～10
植被覆盖度	0.018	9.74E～10	0.008	5.06E～10	0.017	1.11E～10	0.010	2.53E～10
距最近县城距离	0.019	1.83E～10	0.015	2.43E～10	0.017	2.53E～10	0.012	9.03E～10
距最近乡镇距离	0.023	2.40E～10	0.020	4.87E～10	0.038	5.41E～10	0.036	4.63E～10
距最近农村居民点距离	0.037	2.22E～10	0.027	2.11E～10	0.037	3.38E～10	0.029	6.72E～10
距最近县乡及以上道路距离	0.026	2.27E～10	0.017	9.19E～10	0.025	3.85E～10	0.022	1.76E～10
距最近生态用地距离	0.045	1.25E～10	0.038	5.59E～11	0.036	2.40E～10	0.027	5.45E～10
聚集度	0.011	4.74E～11	0.010	7.93E～11	0.013	7.09E～10	0.011	5.05E～10
蔓延度	0.007	9.65E～10	0.005	2.11E～10	0.008	2.98E～10	0.005	5.90E～10
景观形状指数	0.008	7.07E～10	0.008	2.95E～10	0.012	9.06E～11	0.009	8.31E～11
香农多样性指数	0.022	8.35E～10	0.021	7.22E～10	0.024	1.01E～10	0.017	3.11E～11

6.2.3 生活功能与生态功能权衡主导因子识别

根据R程序包运行结果，2000—2015年，不同类型影响因子对江苏省“生活—生态”功能权衡的解释程度 q 值如表6-5所示。从表6-5可以看出，2000—2015年，所有选取的因子对江苏省“生活—生态”功能权衡的影响均呈现显著状态。其中，土地利用类型是“生活—生态”功能权衡最主要的影响因子，其对江苏省“生活—生态”功能权衡的解释程度 q 值始终保持在0.1以上，并且其影响在研究期间呈现逐渐增强趋势。2000年，土地利用类型对“生活—生态”功能权衡的解释程度 q 值为0.146，2015年其对“生活—生态”功能权衡的解释程度 q 值提升至0.176。其次，土壤质地和地形指数两项自然环境因子对“生活—生态”功能权衡的解释程度也处于较高水平，并且在研究期间其影响程度总体上也表现出较为稳定的态势。2000年，土壤质地和地形指数对“生活—生态”功能权衡的解释程度 q 值分别为0.101和0.082，2015年其解释程度 q 值分别为0.095和0.083，研究期间略有波动。

由表6-5可知，2000—2015年，香农多样性指数、景观形状指数、聚集度、蔓延度四项景观格局因子对江苏省“生活—生态”功能权衡的影响程度总体上也处于较高水平，并且其影响在研究期间总体保持较为稳定的状态。其中，2000—2015年，香农多样性指数和景观形状指数两项因子对“生活—生态”功能权衡的解释程度 q 值均高于0.06，聚集度和蔓延度两项因子的解释程度 q 值则均高于0.04。此外，坡度因子对“生活—生态”功能权衡的影响程度也较高，且其影响程度在研究期间虽有所波动，但总体较为稳定，2000—2015年其解释程度 q 值均高于0.04，2010年其对“生活—生态”功能权衡的解释程度最高，q 值达到0.056。

就地理区位因子而言，距最近生态用地距离因子对江苏省“生活—生态”功能权衡的影响程度处于较高水平，2000年其解释程度 q 值达到0.081，但其影响程度在研究期间有所减弱，2015年其解释程度 q 值为0.071。距最近县城距离、距最近乡镇距离、距最近农村居民点距离、距最近县乡及以上道路距离等四项地理区位因子对“生活—生态”功能权衡的影响程度则相

表 6－5　生活功能与生态功能权衡各项影响因子 q 值分布及其显著性

影响因子	q 值及其显著性							
	2000		2005		2010		2015	
	q	*sig*	q	*sig*	q	*sig*	q	*sig*
坡度	0.049	8.07E～10	0.049	9.66E～10	0.056	8.11E～10	0.047	5.94E～10
地形指数	0.082	5.13E～10	0.087	7.46E～10	0.099	6.67E～10	0.083	6.82E～10
土壤质地	0.101	2.30E～10	0.077	4.89E～10	0.086	7.93E～10	0.095	6.09E～10
蒸散量	0.009	6.89E～10	0.013	2.66E～10	0.010	6.77E～11	0.029	9.30E～10
土地利用类型	0.146	2.85E～10	0.139	7.35E～10	0.180	4.45E～10	0.176	4.19E～10
植被覆盖度	0.009	3.16E～10	0.012	1.38E～10	0.020	1.59E～10	0.020	9.07E～10
距最近县城距离	0.013	8.26E～10	0.022	2.85E～10	0.036	2.10E～10	0.033	3.48E～10
距最近乡镇距离	0.010	1.82E～10	0.009	1.25E～10	0.023	2.44E～10	0.018	4.58E～10
距最近农村居民点距离	0.027	2.89E～10	0.024	9.27E～10	0.040	4.50E～10	0.032	3.43E～10
距最近县乡及以上道路距离	0.021	4.56E～10	0.027	8.88E～10	0.041	6.13E～10	0.034	4.40E～10
距最近生态用地距离	0.081	8.93E～10	0.067	6.27E～10	0.057	2.48E～10	0.071	9.96E～10
聚集度	0.041	1.56E～10	0.038	2.03E～10	0.041	8.75E～11	0.037	9.36E～10
蔓延度	0.045	3.32E～10	0.045	7.28E～10	0.046	5.42E～10	0.044	4.44E～10
景观形状指数	0.065	1.92E～10	0.064	2.65E～11	0.069	3.60E～10	0.064	1.68E～10
香农多样性指数	0.067	4.01E～10	0.067	1.65E～10	0.073	2.60E～10	0.071	1.22E～10

对较低，其解释程度 q 值在 0.01—0.04 之间，但研究期间这四项影响因子对“生活—生态”功能权衡的解释程度 q 值均呈现增强趋势。2015 年，距最近县城距离、距最近农村居民点距离、距最近县乡及以上道路距离三项因子对“生活—生态”功能权衡的解释程度 q 值均高于 0.03。

6.2.4 “生产—生活—生态”功能权衡主导因子识别

根据 R 程序包运行结果，2000—2015 年，不同类型影响因子对江苏省“生产—生活—生态”功能权衡的解释程度 q 值如表 6-6 所示。从表 6-6 可以看出，2000—2015 年，所有选取的因子对江苏省“生产—生活—生态”功能权衡的影响均呈现显著状态。其中，土地利用类型是“生产—生活—生态”功能权衡最主要的影响因子，2000 年其对“生产—生活—生态”功能权衡的解释程度 q 值为 0.191，但其影响程度在研究期间呈现减弱趋势，2015 年其对“生产—生活—生态”功能权衡的解释程度 q 值下降至 0.178。其次，地形指数对“生产—生活—生态”功能权衡的影响程度也处于较高水平，2000—2015 年间，其对“生产—生活—生态”功能权衡的解释程度 q 值均在 0.1 以上，2010 年其解释程度 q 值最高，为 0.150，研究期间其影响程度总体呈现一定的减弱趋势。

由表 6-6 可知，坡度和土壤质地两项自然环境因子对江苏省“生产—生活—生态”功能权衡的影响程度也相对较高。其中，研究期间坡度因子对“生产—生活—生态”功能权衡的影响程度呈现“先增后减”趋势，总体较为稳定，2010 年其解释程度 q 值最高，为 0.094；土壤质地因子对“生产—生活—生态”功能权衡的影响程度总体呈现减弱趋势，具体而言，其解释程度 q 值从 2000 年的 0.053 下降至 2015 年的 0.038。此外，研究期间，距最近生态用地距离、香农多样性指数、景观形状指数三项因子对“生产—生活—生态”功能权衡也存在一定程度影响，且表现出一定程度下降趋势。2000—2015 年，距最近生态用地距离、香农多样性指数、景观形状指数对江苏省“生产—生活—生态”功能权衡的解释程度 q 值分别从 0.044、0.030、0.029 下降至 0.038、0.028、0.023。

表 6-6　“生产—生活—生态”功能权衡各项影响因子 q 值分布及其显著性

影响因子	q 值及其显著性							
	2000		2005		2010		2015	
	q	sig	q	sig	q	sig	q	sig
坡度	0.076	5.13E～10	0.087	7.34E～10	0.094	7.97E～10	0.073	9.74E～10
地形指数	0.124	5.07E～10	0.146	6.82E～10	0.150	7.04E～10	0.116	5.55E～10
土壤质地	0.053	8.74E～10	0.041	6.19E～10	0.036	1.45E～10	0.038	7.11E～10
蒸散量	0.006	1.12E～10	0.004	9.56E～10	0.004	1.53E～10	0.014	7.25E～11
土地利用类型	0.191	6.27E～10	0.194	3.45E～10	0.191	3.37E～10	0.178	8.73E～10
植被覆盖度	0.002	3.47E～10	0.003	2.27E～10	0.006	3.81E～10	0.004	2.01E～10
距最近县城距离	0.004	3.46E～10	0.008	2.68E～10	0.012	1.41E～10	0.008	1.86E～10
距最近乡镇距离	0.008	3.68E～10	0.008	5.35E～10	0.016	1.49E～10	0.010	2.22E～10
距最近农村居民点距离	0.020	7.67E～10	0.022	3.45E～10	0.027	5.63E～10	0.015	2.09E～10
距最近县乡及以上道路距离	0.007	4.38E～10	0.011	3.66E～10	0.016	3.41E～10	0.010	1.92E～10
距最近生态用地距离	0.044	1.99E～10	0.029	6.90E～10	0.027	2.10E～10	0.038	2.04E～10
聚集度	0.019	2.07E～10	0.016	8.60E～10	0.017	3.06E～10	0.014	1.20E～10
蔓延度	0.020	7.75E～10	0.018	8.17E～11	0.018	1.28E～10	0.015	2.44E～10
景观形状指数	0.029	5.46E～10	0.026	4.67E～10	0.028	1.34E～10	0.023	5.71E～11
香农多样性指数	0.030	3.64E～11	0.027	4.98E～11	0.031	5.64E～10	0.028	2.13E～10

从表6-6还可以发现，研究期间，聚集度、蔓延度、距最近农村居民点距离三项因子对“生产—生活—生态”功能权衡影响水平较低，并且这种影响总体上均表现出减弱趋势。蒸散量、植被覆盖度、距最近县城距离、距最近乡镇距离、距最近县乡及以上道路距离等五项因子对“生产—生活—生态”功能权衡则很小，其解释程度 q 值在0.01上下浮动，但研究期间其影响程度均呈现一定的增强趋势。

6.3 不同主导因子梯度下江苏省土地利用功能权衡特征

6.3.1 不同主导因子梯度下生产功能与生活功能权衡特征

研究以江苏省“生产—生活”功能权衡主导因子（即地形指数、土壤质地、蒸散量、土地利用类型、植被覆盖度、距最近农村居民点距离、距最近县乡及以上道路距离、距最近生态用地距离）为对象，采用R程序包测度不同主导因子梯度水平下，2000—2015年江苏省“生产—生活”功能权衡分布的差异情况，具体如图6-4所示。

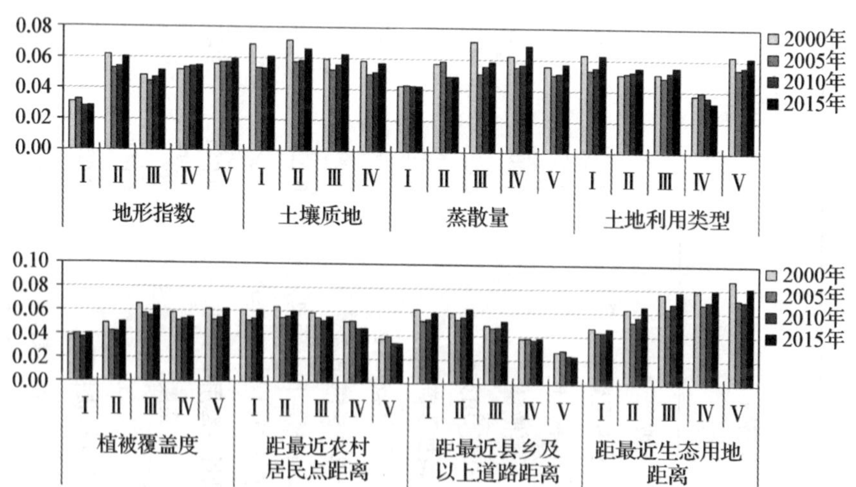

图6-4 不同主导因子梯度下生产功能与生活功能权衡分布

注：图中各项影响因子分类，即Ⅰ、Ⅱ、Ⅲ、Ⅳ、Ⅴ所指内容具体见表6-2，下图6-5、图6-7、图6-8皆同。

由图 6-4 可知，研究期间，在各项主导因子不同梯度水平下，江苏省“生产—生活”功能权衡分布均表现出显著的差异特征。其中，Ⅰ类地形指数区“生产—生活”功能权衡强度远远低于其他类型地形指数区域，这表明“生产—生活”功能权衡更易发生在地形指数较高的区域，主要是由于这些区域通常高程和坡度较高，不适宜大规模开展农业生产，区域农业生产功能偏低，但可借助发展旅游等第三产业提高区域经济发展、休闲游憩等生活功能，从而使得区域“生产—生活”功能权衡处于较高水平。与其他土壤质地区域相比，壤土质地区域“生产—生活”功能权衡也处于更高水平，主要是由于壤土质地更加适宜农业耕作，有利于提升农业生产功能，而在一定程度上限制了区域二三产业发展建设和人口集聚。

就土地利用类型而言，从图 6-4 可以看出，水域所在区域“生产—生活”功能权衡强度处于较低水平，且在研究期内呈现一定减弱趋势，这主要是由于水域仅具有一定的水产品供给能力，总体而言生产功能偏低，且不适宜人口居住和产业发展，因此生产功能和生活功能均处于较低水平，从而使得“生产—生活”功能权衡偏弱。而耕地和建设用地所在区域“生产—生活”功能权衡则处于较高水平，主要是由于耕地和建设用地分别适宜农业生产和非农产业发展，二者土地利用重点不同，从而使得生产功能和生活功能发展失调，形成较强的权衡关系。此外，蒸散量低于 1 100 mm 以及植被覆盖度低于 20%时，区域“生产—生活”功能权衡也表现较弱，主要是由于这些区域植被分布较为稀疏，植被蒸腾消耗水分较少，主要分布着大面积的水域，生产功能和生活功能均较弱，从而形成低水平的“生产—生活”功能权衡关系。

在地理区位方面，从图 6-4 可以看出，研究期间，随着距最近农村居民点和县乡及以上道路距离的增加，“生产—生活”功能权衡强度呈现明显的减弱趋势，且随着时间推移，这种趋势愈发显著；而随着距最近生态用地距离的增加，“生产—生活”功能权衡强度则呈现一定程度的增强趋势。究其原因，主要是因为距最近农村居民点和县乡及以上道路距离越近，越便于农业生产与经营，因此在这些区域生产功能与生活功能更易产生用地竞争，从而形成更高水平的权衡关系；而在距最近生态用地距离越近的区域，为保障区域生态安全，减少土地利用活动对自然生态系统的影响，区域农业生产和城镇建设相对受限，致使生产功能和生活功能均处于较低水平，从而形成较低水平的权衡关系。

6.3.2 不同主导因子梯度下生产功能与生态功能权衡特征

研究以江苏省"生产—生态"功能权衡主导因子（即坡度、地形指数、土壤质地、土地利用类型、距最近乡镇距离、距最近农村居民点距离、距最近生态用地距离、香农多样性指数）为对象，采用 R 程序包测度不同主导因子梯度水平下，2000—2015 年江苏省"生产—生态"功能权衡分布的差异情况，具体如图 6－5 所示。

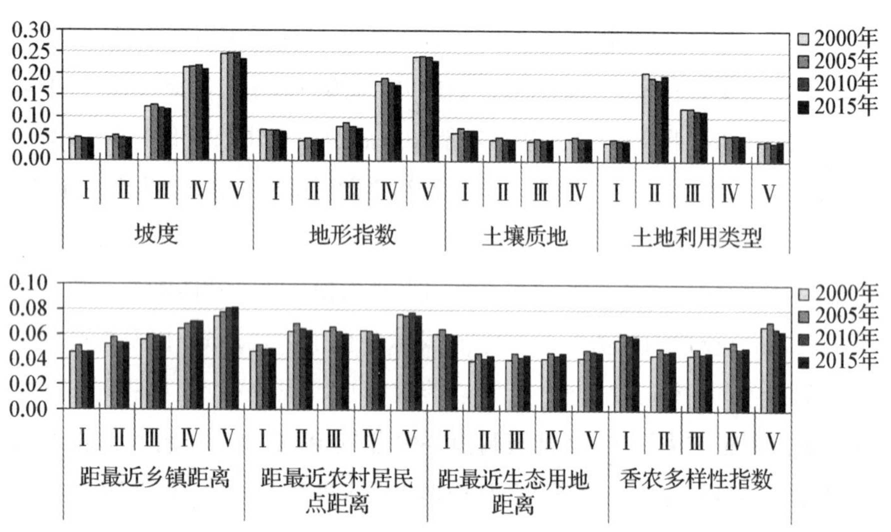

图 6－5 不同主导因子梯度下生产功能与生态功能权衡分布

由图 6－5 可知，研究期间，坡度越高，"生产—生态"功能权衡强度越高；地形指数大于零时，其值越高，"生产—生态"功能权衡强度也越大。具体而言，坡度高于 25°时以及地形指数大于 0.3 时，"生产—生态"功能权衡强度最大，这主要是由于高坡度和高地形指数地形地势复杂，农业生产、耕作条件不便利，大规模农业生产与经营受限，使得区域生产功能处于较低水平，但这些区域往往受人为活动的干扰较少，自然生态环境良好，适宜物种栖息，并且区域分布着较高比重的林地，在气候调节、防风固沙等方面能够起到较好的作用，使得区域生态功能处于较高水平，从而形成较强的"生产—生态"功能权衡关系。

不同土壤质地区域中，"生产—生态"功能权衡强度差异较小，其中砂土质地区域"生产—生态"功能权衡强度略高于其他土地质地区域。这主要是由于砂土保水保肥能力较差，养分含量少，对农业生产的条件要求较高，农业综合生产能力总体上低于壤土等质地区域，从而使得区域农业生产功能处于较低水平，但该类地区由于受人类活动干扰相对较小，区域生境质量等生态功能较高，从而形成较高水平的"生产—生态"功能权衡。就土地利用类型而言，林地区域"生产—生态"功能权衡处于最高水平，其次是草地，耕地和建设用地区域"生产—生态"功能权衡强度则相对较小，这主要是由于研究期间江苏省实行退耕还林(草)工程使得部分地区耕地转变为林地或者草地，耕地数量减少，生产功能减弱，但是林草地面积的增加，使得区域水源涵养、土壤保持、生境质量、防风固沙等生态功能明显提升，致使"生产—生态"功能权衡关系较强。

从图 6－5 还可以看出，距最近乡镇和农村居民点距离越远，"生产—生态"功能权衡强度越高，主要是由于随着距最近乡镇和农村居民点距离的增加，农业生产便利性降低，耕作难度加大，农业生产功能呈现减弱趋势，同时自然生态系统因受土地利用活动干扰的减少，生境质量、土壤保持等生态功能则有所提升，从而使得"生产—生态"功能权衡关系增强。而距最近生态用地距离越近，"生产—生态"功能权衡强度则越高，主要是由于这些区域更加注重生态环境保护，大规模农业生产与经营受限，生产功能提升空间有限，但生态功能总体处于较高水平，从而形成较高水平的"生产—生态"功能权衡。此外，由图 6－5 可知，香农多样性指数越高，"生产—生态"功能权衡强度越高，主要是由于区域景观破碎化不利大规模农业生产与经营，农业生产功能处于较低水平，但其一定程度上能够更好地满足生物栖息需求，区域生境质量等生态功能较高。

6.3.3 不同主导因子梯度下生活功能与生态功能权衡特征

研究以江苏省“生活—生态”功能权衡主导因子(即坡度、地形指数、土壤质地、土地利用类型、距最近生态用地距离、蔓延度、景观形状指数、香农多样性指数)为对象,采用R程序包测度不同主导因子梯度水平下,2000—2015年江苏省“生活—生态”功能权衡分布的差异情况,具体如图6-6所示。

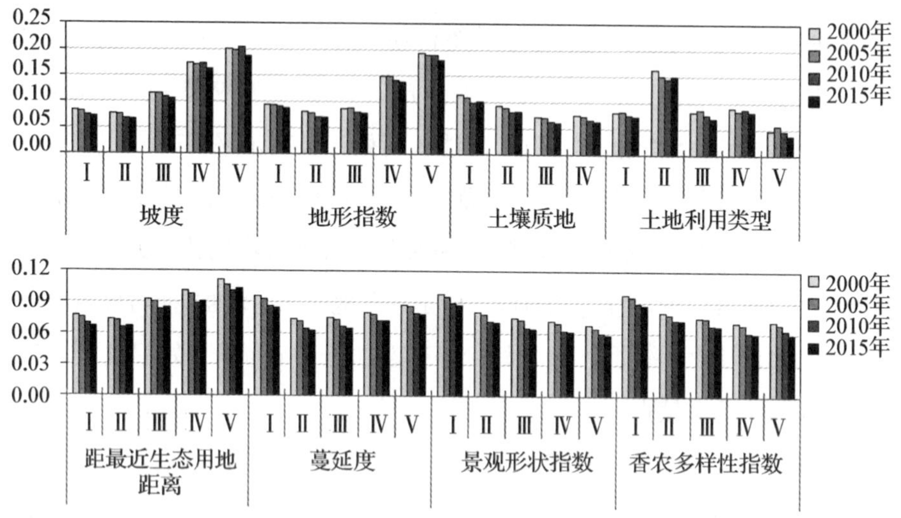

图6-6 不同主导因子梯度下生活功能与生态功能权衡分布

由图6-6可知,坡度越高,“生活—生态”功能权衡强度越高;地形指数大于零时,其值越高,“生活—生态”功能权衡强度也越高,但研究期间这种权衡呈现逐步减弱的趋势。具体而言,坡度高于25°时以及地形指数大于0.3时,“生活—生态”功能权衡强度最大,主要是由于高坡度和高地形指数限制了人口集中居住以及工业等产业的发展,同时交通路网建设也受限,使得区域生活功能的提升受到阻碍,但这些区域往往分布着大面积连片林地,自然生态环境良好,适宜物种栖息且能够发挥较好的气候调节、防风固沙等作用,生态功能较高,从而形成较强的“生活—生态”功能权衡关系。

研究期间，土壤质地为砂土的区域"生活—生态"功能权衡强度最高，主要是由于砂土通气透水性较好，并易于耕种，适宜于选择耐旱品种并保证水源，大部分作耕地利用，一定程度上减弱了其生活功能，并且该类区域在耕作中更加注重利用管理，尽可能减少土地利用对生态环境的扰动，使得区域生境质量等生态功能处于较高水平，从而形成较强的"生活—生态"功能权衡。就土地利用类型而言，林地区域"生活—生态"功能权衡强度最高，并且远远高于其他土地利用类型区域，主要是由于研究期间区域注重加强林地等自然资源的保护，加大植树造林力度，进而提升了区域气候调节、水源涵养、防风固沙等生态功能，但也使得区域城镇发展建设受到一定程度的限制，一方面是城镇建设用地供给受限，另一方面是一些可能对生态环境造成负面影响的产业发展受到限制，从而使得区域生活功能处于较低水平。

此外，从图 6 - 6 还可以发现，距最近生态用地距离越远，"生活—生态"功能权衡强度越高，主要是由于随着距最近生态用地距离的增加，区域城镇发展建设速度更快，土地利用强度不断增强，人口和产业集聚能力也随之增强，生活功能处于较高水平，但这对区域自然生态环境产生一定程度的负面影响，限制了生态功能的增强，从而使得"生活—生态"功能权衡处于较高水平。就景观格局因子而言，蔓延度过高或过低，"生活—生态"功能权衡强度均处于较高水平，这表明景观要素之间适度的连接性既有助于生活功能的提升也有助于生态功能的提升，从而减弱"生活—生态"功能权衡。而景观形状指数和香农多样性指数越高，"生活—生态"功能权衡强度则越低，这表明景观形状越复杂，景观多样性越高，即景观破碎化程度越高，越有利于城镇产业发展建设以及休闲游憩等功能的发挥，也有利于生物栖息，进而同时提升区域生活功能和生态功能，减弱"生活—生态"功能之间的权衡关系。

6.3.4　不同主导因子梯度下"生产—生活—生态"功能权衡特征

研究以江苏省"生产—生活—生态"功能权衡主导因子（即坡度、地形指数、土壤质地、土地利用类型、距最近农村居民点距离、距最近生态用地距离、景观形状指数、香农多样性指数）为对象，采用 R 程序包测度不同主导因子梯度水平下，2000—2015 年江苏省"生产—生活—生态"功能权衡分布的差异情况，具体如图 6－7 所示。

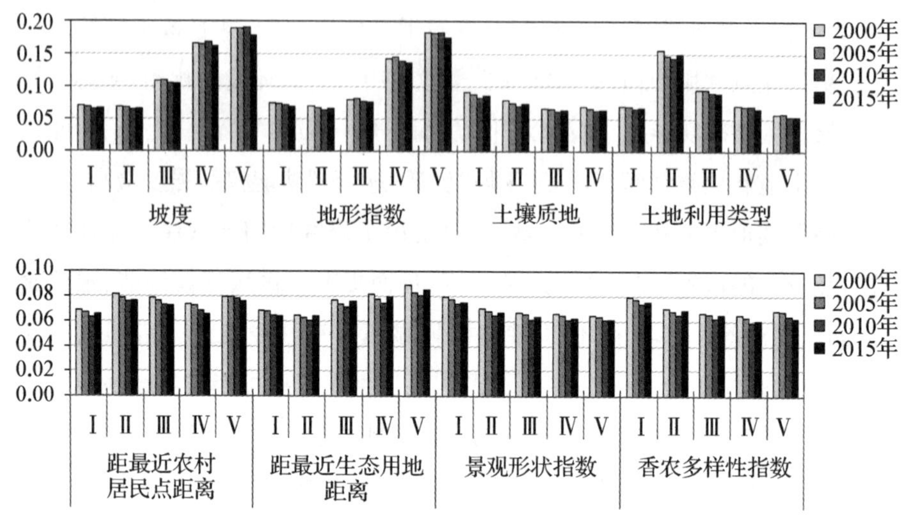

图 6－7　不同主导因子梯度下“生产—生活—生态”功能权衡分布

由图 6－7 可知，坡度、地形指数越高，“生产—生活—生态”功能权衡强度越高，但研究期间这种权衡呈现逐步减弱的趋势。具体而言，坡度高于 25°时以及地形指数大于 0.3 时，“生活—生态”功能权衡强度最大，主要是由于高坡度和高地形指数地形地势复杂，农业生产、耕作条件不便利，大规模农业生产与经营受限，同时高坡度和高地形指数也限制了人口集中居住以及工业等产业的发展，交通路网建设受限，使得区域生产功能和生活功能均处于较低水平。但这些区域往往分布着大面积连片林地，受人类活动干扰较少，自然生态环境良好，适宜物种栖息且能够发挥较好的水源涵养、土壤保持、气候调节、防风固沙等作用，生态功能处于较高水平，从而形成较强的“生产—生活—生态”功能权衡关系。

研究期间，土壤质地为砂土的区域“生产—生活—生态”功能权衡强度最高，主要是由于砂土通气透水性较好，并易于耕种，大部分作耕地利用，一定程度上减弱了其生活功能，但其保水保肥性较差，仅适宜于耐旱品种作物种植并需保证水源，在耕作中更加需要注重利用管理，一定程度上影响了生产功能的大幅度提升，但这类区域土地利用活动对生态环境的扰动相对较少，区域生境质量等生态功能处于较高水平，从而形成较强的“生产—生活—生态”功能权衡。就土地利用类型而言，林地区域“生产—生活—生态”功能权衡强度最高，并且远远高于其他土地利用类型区域，主要是由于研究期间区域实行退耕还林工程，注重加强林地等自然资源的保护，提升了区域气候调节、水源涵养、防风固沙等生态功能，但也使得区域耕地数量减少，并且一定程度上限制了城镇发展建设，从而使得区域生产功能和生活功能均处于较低水平，从而使得“生产—生活—生态”功能权衡强度较高。

从图 6－7 还可以看出，距最近农村居民点距离越远，“生产—生活—生态”功能权衡强度越高，主要是由于随着距最近农村居民点距离的增加，农业生产和生活便利性降低，作物耕作、水产品养殖难度加大，同时人口集聚度也相对较低，农业生产功能和生活功能处于较低水平，但这类区域受土地利用活动干扰较少，生境质量、土壤保持等生态功能处于较高水平，从而形成较强的“生产—生活—生态”功能权衡。同时，随着距最近生态用地距离的增加，“生产—生活—生态”功能权衡强度也不断提升，主要是由于在远离生态用地的区域，农业生产和城镇建设强度较大，农业规模生产、人口和产业集聚发展提升了区内生产功能和生活功能，但是对自然生态系统造成了一定的负面影响，使得生态功能有所减弱，从而形成较高水平的“生产—生活—生态”功能权衡。

此外，由图 6－7 可知，景观形状指数和香农多样性指数越高，“生产—生活—生态”功能权衡强度则越低，这表明景观破碎化程度越高，越有利于“生产—生活—生态”功能，主要是因为区域景观要素类型多样，有利于生物栖息、气候调节等生态功能的提升，同时也便于适度开展农业生产和城镇建设活动，提升区域农业综合生产能力以及人口、产业集聚能力，发挥区域休闲游憩等功能，保障区域农业生产功能和城镇生活功能的稳定，减少对生态系统结构和功能的负面影响，从而减弱“生产—生活—生态”功能之间的权衡关系。

6.4 本章小结

本章结合第二章 2.2.4 节中所述的土地利用功能权衡影响机制解析方法，探测了 2000—2015 年不同时间断面下各类土地利用功能权衡的主导影响因子以及不同主导因子梯度下各类土地利用功能权衡的特征。研究结果表明：

研究期间，距最近生态用地距离是江苏省“生产—生活”功能权衡最主要的影响因子，但其影响程度在研究期间有所减弱，此外其主导因子还包括土壤质地、蒸散量、土地利用类型、地形指数、植被覆盖度、距最近农村居民点距离、距最近县乡及以上道路距离。土地利用类型是“生产—生态”功能权衡、“生活—生态”功能权衡以及“生产—生活—生态”功能权衡最主要的影响因子，且林地区域各项功能之间的权衡强度水平最高。此外，“生产—生态”功能权衡主导因子还包括地形指数、坡度、土壤质地、距最近生态用地距离、距最近农村居民点距离、香农多样性指数、距最近乡镇距离；“生活—生态”功能权衡主导因子还包括土壤质地、地形指数、香农多样性指数、距最近生态用地距离、景观形状指数、坡度、蔓延度；“生产—生活—生态”功能权衡主导因子还包括地形指数、坡度、土壤质地、距最近生态用地距离、距最近农村居民点距离、香农多样性指数、景观形状指数。

在各项主导因子不同梯度水平下，江苏省“生产—生活”功能权衡分布均表现出显著的差异特征。坡度、地形指数越高，“生产—生态”功能权衡、“生活—生态”功能权衡、“生产—生活—生态”功能权衡强度越高；随着距最近生态用地距离的增加，“生产—生态”功能权衡逐渐减弱，“生产—生活”功能权衡、“生活—生态”功能权衡和“生产—生活—生态”功能权衡则逐渐增强；随着距最近农村居民点距离的增加，“生产—生活”功能权衡逐渐减弱，“生产—生态”功能权衡和“生产—生活—生态”功能权衡逐渐增强；香农多样性指数越高，“生产—生态”功能权衡越强，“生活—生态”功能权衡和“生产—生活—生态”功能权衡则越弱；景观形状指数越高，“生活—生态”功能权衡和“生产—生活—生态”功能权衡越强。

第七章　土地利用功能分区调控

7.1　江苏省土地利用功能分区

7.1.1　分区原则与方法

土地利用功能权衡研究的最终目的在于科学判别土地利用中的关键问题，辅助决策者作出更加科学合理的土地资源管理决策，实现土地资源合理利用以及区域经济、社会、生态的可持续发展。鉴于县级行政区是中国土地利用和管理最直接的操作层，县级尺度是土地利用、管理和规划的最佳尺度，并处于宏观规划与微观管理相衔接的交叉点上，研究以江苏省 1 km 格网尺度下不同类型土地利用功能空间分布结果为基础，在县级行政区尺度下分别汇总统计不同县级行政区各项土地利用功能变化类型区域所占比重，据此划分不同类型土地利用功能分区，识别不同分区土地利用功能主要特征，识别不同分区土地利用中存在的关键问题，进而提出相应的规划调整方向，以期促进不同类型土地利用功能协调发展。

土地利用功能分区主要遵循以下原则。

1. 主导性原则

土地利用功能具有多宜性，土地利用功能变化具有区域差异性，在不同区域内，某种土地利用功能变化对另一种土地利用功能变化的作用存在差异，甚至同一区域内，两种土地利用功能之间也存在多种作用关系。为此，土地利用功能分区应遵循主导性原则，将土地利用功能变化具有一致性的区域划分为同一区划单元。

2. 地域差异性原则

研究区不同地域自然地理、社会经济、生态环境等特征因素均存在差异，这会影响不同土地利用功能的发挥，使得不同土地利用功能的变化特征具有空间分异性。为此，土地利用功能分区必须反映出不同区域土地利用功能特征的差异性，并保证各分区单元土地利用功能特征的一致性，以便于因地制宜地开展土地利用与管理工作。

3. 空间连续性原则

区划单元具有明显特点和明确边界，不同层次的区划单元共同构成一个统一有机整体。土地利用功能分区归根结底是服务于土地利用与管理，因此，不仅要考虑不同类型土地利用功能变化的特点，也要考虑与现行行政区划、社会经济属性的关联，尽量确保不同土地利用功能分区边界具有空间连续性，以便于土地利用规划与管理。

基于上述原则，研究结合 2000—2015 年格网尺度下江苏省不同类型土地利用功能分布结果，分别汇总统计不同时间断面下 63 个县级行政区生产功能、生活功能、生态功能增强区域以及减弱区域面积所占比重。在此基础上，借助 SPSS 平台，采用 *k*-means 聚类分析法，将 63 个县级行政区划分为多个群集，最大限度地减少各集群内的变异性，并通过分析不同集群的稳健性和相关性来确定集群的数量，据此将江苏省划分为不同类型的土地利用功能分区。

7.1.2 分区结果分析与调控方向

基于上述分区原则与方法，研究将江苏省划分为五个不同类型土地利用功能分区。根据分区结果，研究进一步汇总统计不同分区生产功能、生活功能、生态功能增强区域以及减弱区域面积所占比重(见图 7-1 和表 7-1)，据此识别不同分区土地利用功能特征。最后，研究以“地理区位＋地形地貌＋功能特征”的规则对各分区进行命名，由此五个土地利用功能分区分别命名为西南丘陵生活功能增强区、环太湖平原生产功能减弱区、沿海平原生态功能增强区、里下河平原生态功能减弱区、徐淮平原生产功能增强区。

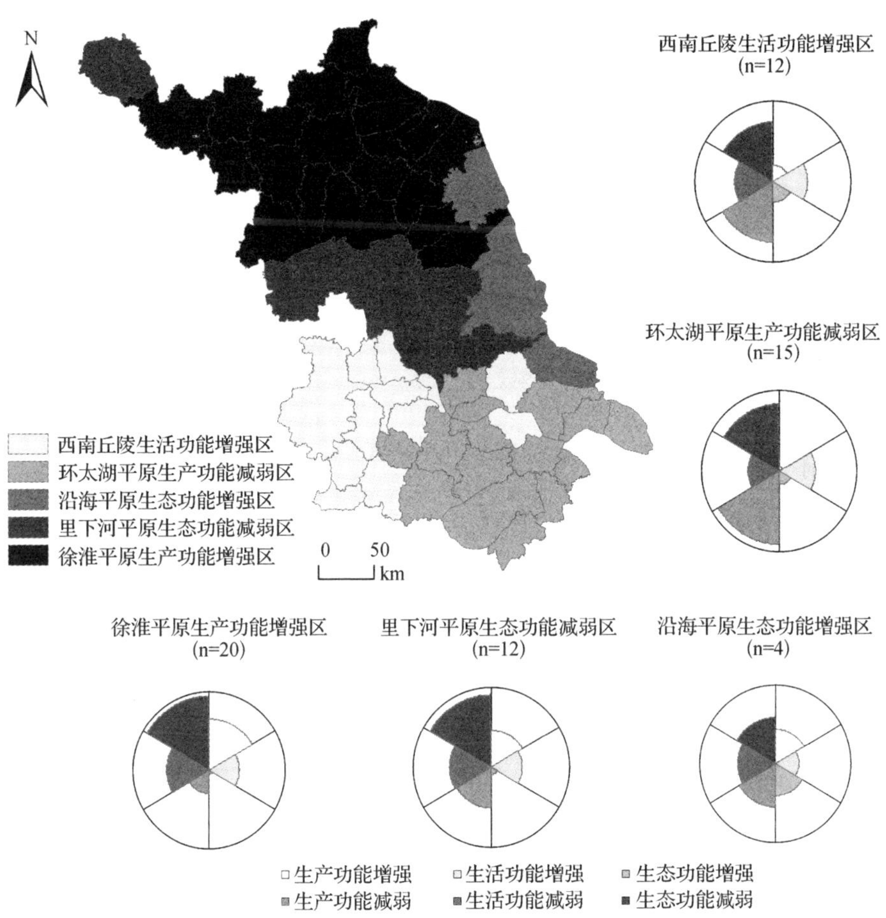

图 7-1　江苏省土地利用功能分区及其各项功能变化特征

表 7-1　江苏省不同土地利用功能分区功能变化特征

功能变化类型	分　区				
	西南丘陵生活功能增强区（n=12）	环太湖平原生产功能减弱区（n=15）	沿海平原生态功能增强区（n=4）	里下河平原生态功能减弱区（n=12）	徐淮平原生产功能增强区（n=20）
生产功能增强	20.43%	4.93%	43.63%	46.36%	65.40%
生活功能增强	44.42%	46.42%	30.75%	40.03%	39.94%

续 表

功能变化类型	分 区				
	西南丘陵生活功能增强区（n=12）	环太湖平原生产功能减弱区（n=15）	沿海平原生态功能增强区（n=4）	里下河平原生态功能减弱区（n=12）	徐淮平原生产功能增强区（n=20）
生态功能增强	25.81%	16.83%	40.89%	9.21%	5.32%
生产功能减弱	75.18%	90.95%	55.18%	50.91%	29.76%
生活功能减弱	49.85%	40.52%	50.10%	53.32%	56.09%
生态功能减弱	74.01%	83.02%	58.95%	90.67%	94.46%

由图 7－1 和表 7－1 可知，江苏省不同类型土地利用功能分区功能变化特征存在显著的差异特征，不同分区主导土地利用功能变化类型也有所差异。具体而言，各土地利用功能分区涉及范围及其主导功能变化类型如表 7－2 所示。

表 7－2　江苏省不同类型土地利用功能分区范围及其主导功能变化类型

分区名称	涉及范围	主导功能变化类型
西南丘陵生活功能增强区	南京市区、高淳县、溧水县，常州溧阳市，镇江市区、丹阳市、句容市、扬中市，扬州市区、仪征市，苏州张家港市，南通如皋市	生活功能增强，辅以生产功能减弱和生态功能减弱
环太湖平原生产功能减弱区	苏州市区、吴江市、昆山市、太仓市、常熟市，无锡市区、江阴市、宜兴市，常州市区、金坛市，南通市区、海门市、启东市，泰州泰兴市、靖江市	生产功能减弱，辅以生态功能减弱和生活功能增强
沿海平原生态功能增强区	盐城射阳县、大丰市、东台市，南通如东县	生态功能增强，辅以生产功能增强和生活功能减弱
里下河平原生态功能减弱区	扬州江都市、高邮市、宝应县，泰州市区、兴化市、姜堰市，淮安金湖县、洪泽县、盱眙县，南通海安县，徐州丰县、沛县	生态功能减弱，辅以生产功能增强和生活功能减弱

续　表

分区名称	涉及范围	主导功能变化类型
徐淮平原生产功能增强区	徐州市区、睢宁县、邳州市、新沂市，宿迁市区、沭阳县、泗阳县、泗洪县，淮安市区、涟水县，连云港市区、赣榆县、东海县、灌云县、灌南县，盐城市区、响水县、滨海县、阜宁县、建湖县	生产功能增强，辅以生态功能减弱和生活功能减弱

1. 西南丘陵生活功能增强区

该区地处江苏省西南部地区，是省内低山丘陵集中地带，共包括 12 个县级行政区，占江苏省土地总面积的15.57%。研究期间，该区生活功能增强较为显著，生活功能增强区域面积占该区土地总面积的比重为 44.42%，超过全省生活功能增强区域所占比重 41.77%；但该区生产功能和生态功能均呈现显著的减弱趋势，其减弱区域面积分别占该区土地总面积的 75.18% 和 74.01%，其中生产功能减弱区域所占比重远远超过全省生产功能减弱区域所占比重均值 58.62%。这主要是由于研究期内区域大力发展服务业、旅游业、信息产业等产业集群，经济发展和人口集聚能力得到较大幅度提升，交通路网体系也日趋完善，但是区域对建设用地的需求也不断加大，城镇发展建设占用了大量耕地，使得耕地数量不断减少，降低了粮食生产能力，导致生产功能减弱。此外，快速城镇化发展也使得自然栖息地日益缩小，植被覆盖度日益下降，进而导致气候调节、土壤保持、生物多样性保护等生态功能有所减弱。

为此，今后该区的调控方向应为：

(1) 从严控制建设占用耕地，促进土地节约集约利用，积极推进城镇集聚发展，注重以自主创新引领转型发展，加强区域产业分工合作，促进空间资源优化整合，提高城镇化发展质量。

(2) 调整优化农业结构，加快推进高标准农田建设，大力推广优良品种和集成适用的农业技术，打造一批优质粮食产业化基地，保障主要农产品有效供给，加快推进稻田综合种养，推广稻渔(鸭)共作等高效种养模式以及稻菜、稻瓜等高效粮经轮作模式，构建与资源环境承载力相匹配的农业生产新格局。

(3) 强化农田生态系统休养生息,大力推广土壤改良、保护性耕作等技术,通过增施有机肥料、秸秆还田等措施,提升土壤有机质含量和养分水分保蓄能力,同时科学开展封山育林和退耕还林,推进丘陵地区生态防护林封山育林工程建设,对退化林地进行生态修复。

2. 环太湖平原生产功能减弱区

该区地处江苏省南部地区,区内湖荡成群、河川纵横交错,共包括 15 个县级行政区,占江苏省土地总面积的20.89%。研究期间,该区生产功能减弱较为显著,生产功能减弱区域面积占该区土地总面积的比重为 90.95%,远远超过全省生产功能减弱区域所占比重 58.62%。同时,该区生态功能也呈现显著的减弱趋势,其减弱区域面积占该区土地总面积的 83.02%。而该区生活功能则呈现较大程度的增强趋势,生活功能增强区域面积占该区土地总面积的比重为 46.42%,超过全省生活功能增强区域所占比重 41.77%,这主要得益于该区优越的地理区位条件和雄厚的经济实力基础。研究期间,该区大力发展技术先进型服务业,积极推进高技术产业与传统优势产业融合发展,促进产业集聚化、高端化发展,并以轨道交通、航道和机场为重点推进基础设施建设,完善综合交通运输体系,积极发展旅游业,打造环太湖休闲旅游品牌,全面提升区域生活功能。然而,区内快速外延式城镇发展使得农业比较效益降低,城镇建设占用了大量耕地,使得耕地数量加速流失,农业生产功能减弱趋势明显。此外,在大范围、高强度的开发建设活动影响下,该区自然栖息地不断退化甚至丧失,生境适宜性大幅降低,野外种群数量大幅缩减,植被碳存储能力也不断下降,并且湿地资源不断萎缩、功能不断退化,从而减弱了区域气候调节和生物多样性保护等生态功能。

为此,今后该区的调控方向应为:

(1) 坚持最严格的耕地保护制度和最严格的节约用地制度,着力加强耕地数量、质量、生态"三位一体"保护,推进建设占用耕地耕作层剥离再利用,加强新增耕地后期培肥改良,强化土壤肥力保护,有效提高区域农业综合生产能力。

(2) 优化配置水、土、光、热、种质等资源，合理调整农业生产布局、农作物种植结构，采取各类节水综合措施，提高灌溉保证率，积极发展“稻鸭共作”等新型种养结合模式，提高资源利用效率，促进高效生态农业发展，率先实现农田水利现代化。

(3) 维护和强化区域整体山水格局的连续性，结合自然山水形态，建立以风景路、区域绿地为主体的生态网络，重点加强环太湖生态林地建设，保护生物多样性，构筑区域绿色生态核心环。

3. 沿海平原生态功能增强区

该区地处江苏省东南部地区，区位优势独特，土地后备资源丰富，共包括 4 个县级行政区，占江苏省土地总面积的 11.02%。研究期间，该区主导土地利用功能变化特征为生态功能增强，区内生态功能增强区域面积占该区土地总面积的比重为 40.89%，远远高于全省生态功能增强区域所占比重 14.96%。同时，该区生产功能也呈现显著的增强趋势，其增强区域面积占该区土地总面积的 43.63%，而该区生活功能则呈现较为明显的减弱趋势，生活功能减弱区域面积占该区土地总面积的比重为 50.10%。这主要是由于该区滩涂湿地等生态资源丰富，研究期间区域注重滩涂湿地等生态系统保护修复，不断加强区域沿海防护林建设和农田水利设施建设，提升了区域防风固沙、洪水调蓄、生物多样性保护等生态功能，同时区内通过滩涂围垦开发，有效增加了农业供给，提升了区域农业生产功能。但是，研究期间，区域产业分工未形成梯度层次，产业层次整体处于较低水平，且同质竞争情形较为突出，一定程度上制约了区域经济发展和人口集聚，使得生活功能有所减弱。

为此，今后该区的调控方向应为：

(1) 以资源环境约束倒逼产业转型，促进产业高端化，以技术提升引导支撑产业转型，促进产业升级与空间优化，以集约发展为方向，调整优化产业布局，科学规划发展载体，推进生产要素加速集聚，提升城镇化发展质量。

(2) 积极发展设施农业，推广规模化、集约化、标准化种养殖业，加快推进高效农业规模化，建设生态农业基地，积极推广生态种植、养殖，实现由传统农业向现代农业的跨越。

(3) 严格保护沿江生态岸线、生活岸线、生态防护林、沿江湿地、洲滩湿地等资源，并有序推进滩涂围垦开发，合理安排农业、林业、生态、旅游、港口与临港产业、城镇等用地，统筹协调滩涂开发与城镇建设、生态保护之间的关系。

4. 里下河平原生态功能减弱区

该区地处江苏省中北部地区，区内淡水沼泽湿地分布较为集中，共包括12个县级行政区，占江苏省土地总面积的16.81%。研究期间，该区主导土地利用功能变化特征为生态功能减弱明显，同时辅以生产功能增强和生活功能减弱。其中，该区生态功能减弱区域面积占该区土地总面积的比重为90.67%，高于全省生态功能减弱区域所占比重84.87%。而该区生产功能增强区域面积占该区土地总面积的比重较高，达到46.63%，高于全省生产功能增强区域所占比重37.43%；生活功能减弱区域面积占该区土地总面积的比重为53.32%，高于全省生活功能减弱区域所占比重50.28%。究其原因，主要是因为该区是全省重要的农业种植和养殖区，研究期间区域注重加强耕地保护与高标准农田建设，优化农业种养殖结构，完善农田基础设施建设，增强区域生产功能。但是，区内高强度、集约化的农业生产对生态环境造成了一定污染，导致水源涵养、土壤保持等生态功能有所减弱。同时，区域中心城市发展动力不足，产业结构性矛盾较为突出，二三产业层次相对偏低，人口和产业集聚能力有限，生活功能处于较低水平，且与省内其他地区相比，研究期间生活功能总体呈现减弱趋势。

为此，今后该区的调控方向应为：

(1) 加快推动农业规模化经营，提高农业综合生产能力和产业化水平，保障主要农产品有效供给，稳定提高粮食产量，严格保护耕地和基本农田，同时合理有效配置农业生产要素，大力发展优势特色农业，建设特色农产品生产及加工基地。

(2) 完善城市基础设施和公共服务，加强城市功能建设，增强大规模吸纳人口的能力，加快扬州、泰州中心城市建设，提升区域竞争能力，同时积极发展战略性新兴产业和先进制造业，加强特色产业基地和产业集群建设，提升集聚集约发展水平。

（3）在城镇和开发区周围，留有开敞式的绿色生态空间，建设生态隔离带或生态廊道，同时实施严格的污染物排放总量控制，推进畜禽养殖废弃物无害化处理和资源化利用，推进清洁生产，发展循环经济，减少工业化、城镇化、农业现代化对生态环境的影响。

5. 徐淮平原生产功能增强区

该区地处江苏省北部地区，区内地势平坦，农业资源优势明显，共包括20个县级行政区，涉及土地面积3.76万平方公里，占江苏省土地总面积的35.71%。研究期间，该区生产功能增强表现较为显著，生产功能增强区域面积占该区土地总面积的比重为65.40%，远高于全省生产功能增强区域所占比重37.43%；但同时区域生活功能和生态功能则呈现减弱趋势，生活功能和生态功能减弱区域面积占该区土地总面积的比重分别为56.09%和94.46%，均高于全省平均水平。这主要是由于该区是江苏省耕地和基本农田分布最为集中的区域，是全省农产品供给的重要保障区，研究期间，区内不断加大农田基础设施建设，推进连片高标准农田建设，确保粮食播种面积和粮食产量稳步提高，增强粮食生产与供给能力，使得生产功能得到提升。同时，研究期间，区内高强度的农业生产对自然生态系统造成了一定的负面影响，导致水源涵养、土壤保持、生境质量等生态功能有所减弱。此外，区内产业多以传统资源型产业为主，产业结构有待优化升级，与其他地区相比，该区人口集聚和经济发展水平相对滞后，经济发展动力不足，致使研究期间生活功能呈现减弱趋势。

因此，该区今后的调控方向应为：

（1）推进农业产业化、生态化，大力发展农产品精深加工和流通，加强现代农业产业园区、农产品加工集中区和农产品市场体系“三大载体”建设，同时加大农田基础设施建设，推进连片标准农田建设，提高农田增产增收能力，确保粮食播种面积和粮食产量稳步提高。

（2）重点发展具有比较优势的机械装备、新医药、资源型非金属材料、优质无公害农产品加工等产业，控制发展高耗水产业，推进产业集聚发展，加强产业集群、产业基地的空间和产业关联配置，形成产业融合、集中布局、集聚发展的新格局。

(3) 加快循环型和节水型农业建设，加强农业面源污染控制，建立农业面源氮磷流失生态拦截体系，实施农药化肥减施工程，推广可降解农膜，同时加强采煤塌陷区和开山采石区的生态恢复，加强地质灾害防治。

7.2 土地利用功能优化调控对策建议

在有限的土地资源条件下，人类对经济、社会、环境等的多种需求，决定了土地利用必然向着多功能、复合性的方向发展。土地利用功能的多样性、复合性，直接导致了土地利用多功能管理的系统性、复杂性。为了满足不同群体的福祉需求和人类社会可持续发展需求，人们需要处理好多种土地利用功能之间的关系，以实现整体惠益的最大化。社会—自然耦合系统视角下，土地利用功能管理必须综合考虑土地利用中的自然生态过程与社会经济过程及其相互作用的空间关联关系，采取适当的土地规划与管理手段，使经济增长与环境退化脱钩，同时加强社会凝聚力，从而实现兼顾农业生产、城镇生活功能的同时，保持生态系统的健康发展等多种土地管理和区域发展目标，促进自然资源利用和经济社会的可持续发展，提高人类福祉(Pérez-Soba et al., 2008; 彭建等, 2015)。基于土地利用功能管理目标，结合研究区土地利用功能权衡分析结果以及土地利用功能权衡分区识别结果，研究进一步提出相关对策建议，以期促进多种土地利用功能协调发展。

1. 以空间主导功能为导向建立差别化国土空间管制制度

按照尊重自然、顺应自然、保护自然的生态文明理念，坚持人口资源环境相均衡，以资源环境承载能力为基础，根据资源禀赋、生态条件和环境容量，明晰国土开发的限制性和适宜性，科学确定国土开发利用的规模、结构、布局和时序，划定城镇、农业、生态空间开发管制界限，引导人口和产业向资源环境承载能力较强的区域集聚，建立覆盖全域国土、反映多目标、体现空间功能差异与复合利用的国土空间用途管制制度。

生态保护红线是自然生态空间保护和生态安全的底线。为此，需要严格禁止不符合空间主体功能定位的各类城镇建设、农业开发等活动，鼓励开展维护、修复和提升生态系统功能的活动（沈悦等，2017）。同时，依据区域资源环境承载能力，控制生态空间承载力，防止土地过度开发利用对生态空间功能造成损害，确保自然生态系统的稳定。禁止区域新增建设和农业开发占用生态保护红线内的生态空间，生态保护红线内已有的农业用地，应建立逐步退出机制，恢复生态用途，并鼓励各地因地制宜促进生态空间内建设用地逐步有序退出。

耕地和永久基本农田保护红线是农业空间保护和粮食安全的底线，应从严管控非农建设占用耕地和永久基本农田，重点控制宁镇扬和环太湖等江苏南部地区建设占用耕地和永久基本农田，强化耕地数量和质量占补平衡。永久基本农田必须坚持农地农用，合理引导利用永久基本农田进行农业结构调整，不得对耕作层造成破坏。在不影响粮食安全的前提下，合理配置耕地利用结构，适当退耕还林还草，调整耕地利用方式，提高耕地气候调节、生物多样性保护等多种生态系统服务功能的供给（汤怀志，2017）。

城镇开发边界是城镇空间发展和生活保障的底线，应将开发边界作为集中建设行为的管控边界，控制大部分建设用地规模集中在开发边界以内投放，推动“规—建—管”一体化，避免城镇建设无序外延扩张，提升开发边界内土地利用效率。此外，还应统筹布局区域内交通、能源、水利、通信等基础设施，优化城镇内部功能布局，引导分散式、作坊式工业生产空间入园集中发展，提升工业用地产出效率，并按照人口规模合理配置城镇生产和生活用地，优先保障教育、医疗、文体、养老等公共设施用地需求（周侃等，2019）。

2. 以土地利用转型为目标创新土地管理政策制度

在当前既定的国家宏观土地管理政策框架下，土地利用数量和空间结构等显性形态的转型受到诸多刚性政策约束，难以实现与经济社会发展转型相适应的质的突破（龙花楼，2012）。创新土地管理政策制度，能够促进土地产权制度、土地经营方式以及土地投入产出等土地利用隐性形态的转型，进而可以促进土地利用显性形态的转型，最终实现土地利用功能这一土地利用隐性形态的转型，实现生产、生活、生态等土地利用多功能的协调发展。

稳步推进农村土地制度改革，促进城乡融合发展。首先，巩固完善农村土地"三权分置"制度，确保农民在不失地的前提下，以多种方式和途径放活经营权，解决耕地分散低效经营以及撂荒等问题，发展适度规模经营，为城乡社会资本进入农村土地经营领域打开通道（陈汉，2019）。其次，在符合土地利用规划、用途管制和依法取得的前提下，按照规范管理、有序运行、城乡互动、收益共享的要求，允许农村集体经营性建设用地使用权出让、租赁、入股；明确界定农民住房财产权，探索宅基地有偿使用制度和自愿有偿退出机制，探索农民住房财产权抵押、担保、转让的有效途径；完善对被征地农民合理、规范的多元保障机制。

建立健全节约集约用地制度，促进土地利用方式和经济发展方式转变。在确保城乡建设用地总量稳定、新增建设用地规模逐步减少的前提下，逐步增加城乡建设用地增减挂钩、工矿废弃地复垦利用和城镇低效用地再开发等流量指标，统筹保障建设用地供给。优化城市内部用地结构，促进城市紧凑发展，制定地上地下空间开发利用管理规范，统筹地上地下空间开发，推进建设用地的多功能立体开发和复合利用，同时加强开发区用地功能改造，合理调整用地结构和布局，推动单一生产功能向城市综合功能转型，提高土地利用经济、社会、生态综合效益。

3. 以政府和市场为主体建立健全生态补偿与保护长效机制

生态系统提供产品和服务的能力是生态补偿制度设计的重要科学基础。生态保护具有很强的外部性经济作用，保护者不能直接从保护中得到经济收益，如果对生态保护者不给予必要的经济补偿，就会严重影响保护者的积极性和保护行为，引起生态资源的不合理利用，导致生态服务功能的不断退化，威胁生态安全。因此，应对生态维持功能提供者给予相应的直接经济补偿，将生态保护成果转化为经济效益，鼓励人类更好地保护生态环境。

首先，应发挥政府对生态环境保护的主导作用，完善各类资源收费基金和各类资源有偿使用收入的征收管理办法，逐步扩大资源税征收范围，允许相关收入用于开展相关领域生态保护补偿。建立以绿色生态为导向的农业生态治理补贴制度，扩大新一轮退耕还林还草规模（孔凡斌，2007），逐步将25°以上陡坡地退出基本农田，纳入退耕还林还草补助范围。健全各类禁止开发区域的生态保护补偿政策，制定以地方补偿为主、中央财政给予支持的横向生态保护补偿机制办法。

其次，要推动建立政府引导、市场运作、社会参与的多元化投融资机制，鼓励和引导社会力量积极参与生态补偿（欧阳志云等，2013）。健全生态保护市场体系，完善生态产品价格形成机制，使保护者通过生态产品的交易获得收益，发挥市场机制促进生态保护的积极作用。研究实行绿色信贷、环境污染责任保险政策，探索排污权抵押等融资模式，充分利用市场，积极推进水权、排污权、碳排放权交易试点等工作，实现自然资源资产的资本化和增值机制，促成自然生态系统和社会经济系统协同发展。

4. 以国土综合整治为主要手段优化国土空间开发格局

牢固树立"生命共同体"意识，推进国土综合整治工作，针对性开展城市低效用地再开发，加强高标准农田建设，加快工矿废弃地复垦利用，积极推动退耕还林还草等措施优化生态功能，并分区域实施山水林田湖草综合整治，协调自然生态系统和经济社会关系，因地制宜恢复生产、生活和生态功能（王军，2018）。

按照生态系统的整体性、系统性和内在规律性，围绕自然生态和经济社会各要素进行全方位、立体性综合治理，解决水土资源约束条件下田、水、土、气多要素治理和系统内相互作用要素循环的土地利用实现技术的难题，构建山水田林湖草"自然—人工生态系统"体系。研究和创新综合整治生态景观建设的生物多样性保护和生态网络建设技术以及缓冲带生态景观、水体生态景观、道路生态景观等工程技术，加强自然系统生态保护，并优化山水田林湖草整治工程模块化设计与施工技术，形成项目选址、产业布局、基础设施配套、生态网络布设的多位一体统筹。

统筹推进高标准农田建设、旱地改水田、耕地质量提升、宜耕后备资源开发以及农田基础设施建设等工作，在优化耕地布局、增加耕地面积的同时，提高耕地质量和连片度，为农业适度规模经营和发展现代农业创造条件。同时，推进存量建设用地整治利用，优化用地结构和布局，统筹农房建设、产业发展、公共服务、公益事业、基础设施、生态保护等各项用地。充分利用城乡建设用地增减挂钩政策，有计划开展农村宅基地、工矿废弃地以及其他存量建设用地复垦，合理安排新建区块，并注重保护好历史文化(传统)村落、传统建筑、街巷空间等。

7.3 本章小结

本章基于江苏省 1 km 格网尺度下不同一级土地利用功能变化空间分布结果，研究以县级行政区为基本单元，汇总统计不同县级行政区各项土地利用功能变化类型区域面积所占比重，在此基础上，采用 k-means 聚类分析法，划分不同类型土地利用功能分区。结果表明，江苏省 63 个县级行政区可被划分为五种不同类型土地利用功能分区，分别为西南丘陵生活功能增强区、环太湖平原生产功能减弱区、沿海平原生态功能增强区、里下河平原生态功能减弱区、徐淮平原生产功能增强区。不同分区土地利用功能特征有所差异，基于此研究进一步提出不同分区的规划调整方向，并从空间管制、制度创新、生态补偿、综合整治等角度提出促进多种土地利用功能协调发展的对策建议。

第八章　结论与展望

8.1　主要研究结论

土地利用功能涉及可持续性的经济、社会和环境三大维度，已成为国际可持续研究的前沿领域，引起国内外学术界与决策层的高度关注。然而，现有研究侧重于对自然生态系统服务/功能的解析，在构建土地利用功能分类时，忽视了人类主导的社会经济系统在土地利用中的重要作用，并且功能评价多以行政区为基本评价单元，评价方法尚未统一，也缺少对功能之间相互作用关系的解析。本研究依托国土空间规划与管理需求，以土地利用多功能性理论为指导，构建土地利用功能分类框架和功能评价指标体系，以快速城镇化地区江苏省为例，开展了土地利用功能评价及其变化分析，还进一步探索了不同土地利用功能之间的相互作用关系及其时空变异特征，分析了土地利用功能权衡的影响机制，并划分土地利用功能分区，明晰不同分区土地利用功能特征，提出未来规划调控方向和相关对策建议，旨在为土地变化科学的发展以及国土空间规划的开展、土地管理策略的制定提供思路和方法借鉴。本书的主要研究结论如下。

(1) 研究期间，江苏省生产功能总体表现出显著的“北增南减”差异特征，其中2000—2005年生产功能整体呈现减弱趋势，2010—2015年生产功能则呈现增强态势；生产功能增强主要表现为“先减后增”增强型、连续增强型和波动增强型，生产功能减弱则主要表现为“先减后增”减弱型和连续减弱型。江苏省生活功能总体表现为增强态势，其中江苏南部地区生活功能增强尤为明显，但2010—2015年江苏北部地区和沿海地区生活功能增强更为显著；生活功能增强主要表现为“先增后减”增强型和连续增强型。除沿海部分区域外，江苏省生态功能总体呈现较为显著的减弱趋势，并且江苏南部地区生态功能减弱最为明显，其中 2000—2005 年生态功能呈现“北增南减”态势，2005—2010 年生态功能呈“南增北减”态势；生态功能“先增后减”减弱型主要集中分布在江苏北部地区和沿海地区，“先减后增”减弱型主要分布在沿江地区，连续减弱型主要分布在苏州市区、吴江市、昆山市、常熟市，无锡市区、宜兴市，常州市区、金坛市等东南部地区。

（2）研究期间，格网尺度下，江苏省“生产—生活”功能权衡总体呈现“北增南减”态势，且以“先减后增”减弱型和“先减后增”增强型变化模式为主；“生产—生态”功能权衡总体呈现增强趋势，以“先增后减”增强型和波动增强型变化为主；“生活—生态”功能权衡总体呈现减弱趋势，且以“先增后减”减弱型、波动减弱型和“先减后增”减弱型变化为主；“生产—生活—生态”功能权衡于 2005—2010 年间呈现“南增北减”态势，于 2010—2015 年间呈现增强趋势，研究期间权衡变化以“先减后增”减弱型、波动减弱型和“先增后减”减弱型为主。基于县域尺度和区域尺度的分析发现，江苏省不同类型土地利用功能权衡存在显著的区域差异。其中，“生产—生活”功能权衡 RMSE 值以 0.04～0.08 为主，苏中地区和苏北地区功能权衡强度高于苏南地区，研究期间总体呈现“先减后增”变化态势；“生产—生态”功能权衡主要分布在苏南地区且呈现不断增强态势；“生活—生态”功能权衡 RMSE 值以 0.06～0.1 为主，处于较高水平，且高值区主要集中分布在江苏东部沿海地区，研究期间总体有所减弱；“生产—生活—生态”功能权衡 RMSE 值以 0.06～0.08 为主，高值区主要分布在江苏东部沿海地区。

（3）研究期间，距最近生态用地距离是江苏省“生产—生活”功能权衡最主要的影响因子，但其影响程度在研究期间有所减弱，此外其主导因子还包括土壤质地、蒸散量、土地利用类型、地形指数、植被覆盖度、距最近农村居民点距离、距最近县乡及以上道路距离。土地利用类型是“生产—生态”功能权衡、“生活—生态”功能权衡以及“生产—生活—生态”功能权衡最主要的影响因子，且林地区域各项功能之间的权衡强度水平最高。此外，“生产—生态”功能权衡主导因子还包括地形指数、坡度、土壤质地、距最近生态用地距离、距最近农村居民点距离、香农多样性指数、距最近乡镇距离；“生活—生态”功能权衡主导因子还包括土壤质地、地形指数、香农多样性指数、距最近生态用地距离、景观形状指数、坡度、蔓延度；“生产—生活—生态”功能权衡主导因子还包括地形指数、坡度、土壤质地、距最近生态用地距离、距最近农村居民点距离、香农多样性指数、景观形状指数。坡度、地形指数越高，“生产—生态”功能权衡、“生活—生态”功能权衡、“生产—生活—生态”功能权衡强度越高；距最近生态用地距离越远，“生产—生态”功能权衡越弱，“生产—生活”功能权衡、“生活—生态”功能权衡和“生产—生活—生态”功能权衡则越强；香农多样性指数越高，“生产—生态”功能权衡越强，“生活—生态”功能权衡和“生产—生活—生态”功能权衡则越弱。

(4) 基于江苏省 1 km 格网尺度下不同一级土地利用功能变化空间分布结果，研究以县级行政区为基本单元，汇总统计不同县级行政区各项土地利用功能变化类型区域所占比重，在此基础上，采用 *k-means* 均值聚类分析法，划分不同类型土地利用功能分区。结果表明，江苏省 63 个县级行政区可被划分为五种不同类型土地利用功能分区，分别为西南丘陵生活功能增强区、环太湖平原生产功能减弱区、沿海平原生态功能增强区、里下河平原生态功能减弱区、徐淮平原生产功能增强区。不同分区土地利用功能特征有所差异，基于此研究进一步提出不同分区的规划调整方向，并从空间管制、制度创新、生态补偿、综合整治等角度提出促进多种土地利用功能协调发展的优化调控对策建议。

8.2　研究创新点

(1) 研究基于精细化研究尺度定量测度了区域土地利用功能及其权衡时空特征。现有关于土地利用功能的研究多以行政单元为基础单元，采用简单的统计数据进行计量评价，且评价方法尚未统一，也缺少对功能之间相互作用关系的解析。本研究基于 1 km 格网尺度，综合应用地理空间模型、统计数据空间化等方法，开展土地利用功能评价，并基于数理统计方法识别土地利用功能权衡关系，进而揭示不同类型土地利用功能及其权衡的时空特征，丰富了土地利用功能权衡研究内容和方法体系。

（2）研究基于精细化研究尺度揭示了不同类型土地利用功能权衡的影响机制，并提出相关分区调控路径。现有关于土地利用功能的研究多停留在评价阶段，对土地利用功能权衡及其影响机制研究较少。本研究采用地理空间模型识别不同类型土地利用功能权衡的主导影响因子，揭示不同因子对土地利用功能权衡的影响机制，并划定不同类型土地利用功能分区，针对不同分区土地利用变化特征提出促进多种土地利用功能协调发展的优化调控对策建议，以期助力于实现区域可持续发展的现实目标。

8.3 研究不足与展望

（1）受基础数据和研究方法限制，土地利用功能分类框架和部分功能表征指标仍有待进一步完善。例如，生产功能未考虑经济作物、林产品以及畜牧产品供给，粮食供给功能未考虑粮食作物类型的差异。为此，今后需要进一步探索经济作物、林产品以及畜牧产品供给的表征指标及其量化方法，并综合考虑粮食产量以及粮食作物的结构信息（种植结构、经营结构等）、交易状况等，以此优化土地利用功能分类和评价指标体系。

（2）受研究篇幅限制，本研究仅分析了不同类型土地利用功能权衡的时空特征，并未考虑不同土地利用功能之间的线性关系，识别功能之间权衡与协同关系的线性类型特征（如凸权衡/凹权衡、非单调权衡/单调权衡等）。因此，今后需要基于二维坐标系，进一步研究分析不同土地利用功能之间的线性相关关系，识别土地利用功能权衡的线性特征，确定不同类型土地利用功能权衡的阈值或者临界点，以期更好地辅助决策制定，避免不必要的权衡。

参考文献

［1］安悦，周国华，贺艳华，等. 基于“三生”视角的乡村功能分区及调控——以长株潭地区为例［J］. 地理研究，2018，37(4)：695－703.

［2］包玉斌，李婷，柳辉，等. 基于 InVEST 模型的陕北黄土高原水源涵养功能时空变化［J］. 地理研究，2016，35(4)：664－676.

［3］陈汉. 乡村振兴战略下的土地制度改革与管理思考［J］. 中国国土资源经济，2019，32(1)：15－19＋78.

［4］陈龙，谢高地，裴厦，等. 澜沧江流域生态系统土壤保持功能及其空间分布［J］. 应用生态学报，2012，23(8)：2249－2256.

［5］陈龙，谢高地，张昌顺，等. 澜沧江流域典型生态功能及其分区［J］. 资源科学，2013，35(4)：816－823.

［6］陈姗姗，刘康，包玉斌，等. 商洛市水源涵养服务功能空间格局与影响因素［J］.地理科学，2016，36(10)：1546－1554.

［7］陈一宁. 米草属植物 Spartina angilica 和 Spartina alterniflora 引种后江苏海岸湿地生态演化的初步探讨［J］. 海洋与湖沼，2005，36(5)：394－403.

［8］揣小伟，黄贤金，郑泽庆，等. 江苏省土地利用变化对陆地生态系统碳储量的影响［J］. 资源科学，2011，33(10)：1932－1939.

［9］戴尔阜，王晓莉，朱建佳，等. 生态系统服务权衡：方法，模型与研究框架［J］. 地理研究，2016，35(6)：1005－1016.

［10］杜国明，孙晓兵，王介勇. 东北地区土地利用多功能性演化的时空格局［J］. 地理科学进展，2016，35(2)：232－244.

［11］樊杰. 我国主体功能区划的科学基础［J］. 地理学报，2007，62(4)：

339－350.

［12］樊杰. 中国主体功能区划方案［J］. 地理学报，2015，70(2)：186－201.

［13］樊杰，周侃，陈东. 生态文明建设中优化国土空间开发格局的经济地理学研究创新与应用实践［J］. 经济地理，2013，33(1)：1－8.

［14］范业婷，金晓斌，项晓敏，等. 苏南地区耕地多功能评价与空间特征分析［J］. 资源科学，2018，40(5)：980－992.

［15］范业婷，金晓斌，项晓敏，等. 江苏省土地利用功能变化及其空间格局特征［J］. 地理研究，2019，38(2)：383－398.

［16］傅斌，徐佩，王玉宽，等. 都江堰市水源涵养功能空间格局［J］. 生态学报，2013，33(3)：789－797.

［17］傅伯杰，吕一河，陈利顶，等. 国际景观生态学研究新进展［J］. 生态学报，2008，28(2)：798－804.

［18］傅伯杰，张立伟. 土地利用变化与生态系统服务：概念、方法与进展［J］. 地理科学进展，2014，33(4)：441－446.

［19］傅伯杰，周国逸，白永飞，等. 中国主要陆地生态系统服务功能与生态安全［J］. 地球科学进展，2009，24(6)：571－576.

［20］韩向娣，周艺，王世新，等. 基于夜间灯光和土地利用数据的 GDP 空间化［J］. 遥感技术与应用，2012，27(3)：396－405.

［21］黄秉维. 中国综合自然区划的初步草案［J］. 地理学报，1958，24(4)：348－363.

［22］霍兵. 中国战略空间规划的复兴和创新［J］. 城市规划，2007，(8)：19－29.

［23］冀咏赞，闫慧敏，刘纪远，等. 基于 MODIS 数据的中国耕地高中低产田空间分布格局［J］. 地理学报，2015，70(5)：766－778.

［24］姜广辉，张凤荣，孔祥斌，等. 耕地多功能的层次性及其多功能保护［J］. 中国土地科学，2011，25(8)：42－47.

［25］金贵，邓祥征，张倩，等. 武汉城市圈国土空间综合功能分区［J］. 地理研究，2017，36(3)：541－552.

[26] 孔凡斌. 退耕还林(草)工程生态补偿机制研究[J]. 林业科学,2007,43(1): 95 - 101.

[27] 李广东,方创琳. 城市生态—生产—生活空间功能定量识别与分析[J]. 地理学报,2016,71(1): 49 - 65.

[28] 李迈和,NORBERT K,杨健. 生态干扰度:一种评价植被天然性程度的方法[J]. 地理科学进展,2002,21(5): 450 - 458.

[29] 李鹏,姜鲁光,封志明,等. 生态系统服务竞争与协同研究进展[J]. 生态学报,2012,32(16): 5219 - 5229.

[30] 李平星,陈雯,孙伟. 经济发达地区乡村地域多功能空间分异及影响因素——以江苏省为例[J]. 地理学报,2014,69(6):797 - 807.

[31] 李双成,刘金龙,张才玉,等. 生态系统服务研究动态及地理学研究范式[J]. 地理学报,2011,66(12): 1618 - 1630.

[32] 李双成,张才玉,刘金龙,等. 生态系统服务权衡与协同研究进展及地理学研究议题[J]. 地理研究,2013,32(8): 1379 - 1390.

[33] 李文华,张彪,谢高地. 中国生态系统服务研究的回顾与展望[J]. 自然资源学报,2009,24(1): 1 - 10.

[34] 李秀霞,倪晋仁. 土壤侵蚀及其影响因素空间相关性分析[J]. 地理科学进展,2009,8(2): 161 - 166.

[35] 梁荣. 射阳盐场转型期发展战略研究[D]. 成都:西南交通大学,2013.

[36] 梁小英,顾铮鸣,雷敏,等. 土地功能与土地利用表征土地系统和景观格局的差异研究——以陕西省蓝田县为例[J]. 自然资源学报,2014,29(7): 1127 - 1135.

[37] 林坚,宋萌,张安琪. 国土空间规划功能定位与实施分析[J]. 中国土地,2018,1: 15 - 17.

[38] 刘超,许月卿,孙丕苓,等. 土地利用多功能性研究进展与展望[J]. 地理科学进展,2016,35(9): 1087 - 1099.

[39] 刘纪远,宁佳,匡文慧,等. 2010—2015 年中国土地利用变化的时空格局与新特征[J]. 地理学报,2018,73(5): 789 - 802.

[40] 刘纪远,张增祥,徐新良,等. 21 世纪初中国土地利用变化的空间格局与驱动力分析[J]. 地理学报,2009,64(12):1411 - 1420.

[41] 刘玉,刘彦随,郭丽英. 基于 SOFM 的环渤海地区乡村地域功能分区[J]. 人文地理,2013,28(3):114 - 120.

[42] 刘智方,唐立娜,邱全毅,等. 基于土地利用变化的福建省生境质量时空变化研究[J]. 生态学报,2017,37(13):4538 - 4548.

[43] 龙花楼. 土地利用转型:土地利用/覆被变化综合研究的新途径[J]. 地理与地理信息科学,2003,19(1):87 - 90.

[44] 龙花楼. 论土地利用转型与乡村转型发展[J]. 地理科学进展,2012,31(2):131 - 138.

[45] 龙花楼. 论土地利用转型与土地资源管理[J]. 地理研究,2015,34(9):1607 - 1618.

[46] 吕立刚,周生路,周兵兵,等. 区域发展过程中土地利用转型及其生态环境响应研究——以江苏省为例[J]. 地理科学,2013,33(12):1442 - 1449.

[47] 蒙莉娜,郑新奇,赵璐,等. 基于生态位适宜度模型的土地利用功能分区[J]. 农业工程学报,2011,27(3):282 - 287.

[48] 欧阳志云,郑华,岳平. 建立我国生态补偿机制的思路与措施[J]. 生态学报,2013,33(3):686 - 692.

[49] 彭建,胡晓旭,赵明月,等. 生态系统服务权衡研究进展:从认知到决策[J]. 地理学报,2017,72(6):960 - 973.

[50] 彭建,吕慧玲,刘焱序,等. 国内外多功能景观研究进展与展望[J]. 地球科学进展,2015,30(4):465 - 476.

[51] 彭婉月,兆云,李海东,等. 黑河中下游防风固沙功能时空变化及影响因子分析[J]. 环境科学研究,2020,33(12):2734 - 2744.

[52] 曲衍波,王世磊,赵丽鋆,等. 山东省乡村地域多功能空间格局与分区调控[J]. 农业工程学报,2020,36(13):222 - 232.

[53] 任建强,陈仲新,唐华俊,等. 基于植物净初级生产力模型的区域冬小麦估产研究[J]. 农业工程学报,2006,22(5):111 - 117.

[54] 商令杰. 基于 NPP 数据的山东省耕地产能时空格局分析[D]. 济

南:山东师范大学,2018.

[55] 沈悦,刘天科,周璞. 自然生态空间用途管制理论分析及管制策略研究[J]. 中国土地科学,2017,31(12):17-24.

[56] 宋小青. 论土地利用转型的研究框架[J]. 地理学报,2017,72(3):471-487.

[57] 孙丕苓. 生态安全视角下的环京津贫困带土地利用冲突时空演变研究[D]. 北京:中国农业大学,2017.

[58] 孙丕苓,许月卿,刘庆果,等. 环京津贫困带土地利用多功能性的县域尺度时空分异及影响因素[J]. 农业工程学报,2017,33(15):283-292.

[59] 孙泽祥,刘志锋,何春阳,等. 中国快速城市化干燥地区的生态系统服务权衡关系多尺度分析:以呼包鄂榆地区为例[J]. 生态学报,2016,36(15):4881-4891.

[60] 汤怀志. 耕地生态功能管理不可缺失[J]. 中国土地,2017,(7):12-14.

[61] 王爱军,高抒,贾建军. 互花米草对江苏潮滩沉积和地貌演化的影响[J]. 海洋学报,2006,28(1):92-99.

[62] 王枫,董玉祥. 广州市土地利用多功能的空间差异及影响因素分析[J]. 资源科学,2015a,37(11):2179-2192.

[63] 王枫,董玉祥. 基于灰色关联投影法的土地利用多功能动态评价及障碍因子诊断:以广州市为例[J]. 自然资源学报,2015b,30(10):1698-1713.

[64] 王劲峰,徐成东. 地理探测器:原理与展望[J]. 地理学报,2017,72(1):116-134.

[65] 王军. 关于国土综合整治服务生态系统的思考[J]. 中国土地,2018,(7):33-35.

[66] 王鹏涛,张立伟,李英杰,等. 汉江上游生态系统服务权衡与协同关系时空特征[J]. 地理学报,2017,72(11):2064-2078.

[67] 王向东,刘卫东. 中国空间规划体系:现状,问题与重构[J]. 经济地理,2012,32(5):7-15.

[68] 文克,温迪,徐凌云,等. 景观生态学作为可持续景观规划的框架[J]. 中国园林,2016,32(4): 16－27.

[69] 邬建国,郭晓川,杨劼,等. 什么是可持续性科学? [J]. 应用生态学报,2014a,25(1): 1－11.

[70] 邬建国,何春阳,张庆云,等. 全球变化与区域可持续发展耦合模型及调控对策[J]. 地球科学进展,2014b,29(12): 1315－1324.

[71] 吴传钧. 人地关系地域系统的理论研究及调控[J]. 云南师范大学学报(哲学社会科学版),2008,40(2): 1－3.

[72] 吴健生,曹祺文,石淑芹,等. 基于土地利用变化的京津冀生境质量时空演变[J]. 应用生态学报,2015,26(11): 3457－3466.

[73] 吴健生,毛家颖,林倩,等. 基于生境质量的城市增长边界研究——以长三角地区为例[J]. 地理科学,2017,37(1): 28－36.

[74] 夏涛,陈尚,张涛,等.江苏近海生态系统服务价值评估[J]. 生态学报,2014,34(17): 5069－5076.

[75] 谢高地,甄霖,鲁春霞,等. 一个基于专家知识的生态系统服务价值化方法[J]. 自然资源学报,2008,23(5): 911－919.

[76] 辛芸娜,孔祥斌,郧文聚. 北京大都市边缘区耕地多功能评价指标体系构建——以大兴区为例[J]. 中国土地科学,2017,31(8): 77－87.

[77] 信桂新,杨朝现,魏朝富,等. 人地协调的土地整治模式与实践[J]. 农业工程学报,2015,31(19): 262－275.

[78] 徐凯,房艳刚. 乡村地域多功能空间分异特征及类型识别——以辽宁省 78 个区县为例[J]. 地理研究,2019,38(3):482－495.

[79] 严金明,陈昊,夏方舟."多规合一"与空间规划:认知,导向与路径[J]. 中国土地科学,2017,31(1): 21－27.

[80] 杨青山,梅林. 人地关系,人地关系系统与人地关系地域系统[J]. 经济地理,2001,(5): 532－537.

[81] 杨雪,谈明洪. 近年来北京市耕地多功能演变及其关联性[J]. 自然资源学报,2014,29(5): 733－743.

[82] 杨一鹏,曹广真,侯鹏,等. 城市湿地气候调节功能遥感监测评

估[J]. 地理研究,2013,32(1): 73 - 80.

[83] 张彪,李庆旭,王爽,等. 京津风沙源区防风固沙功能的时空变化及其区域差异[J]. 自然资源学报,2019,34(5): 1041 - 1053.

[84] 张克峰,李宪文,张定祥,等. 中国土地资源退化时空变化分析[J]. 环境科学,2006,27(6): 1244 - 1251.

[85] 张路路,郑新奇,原智远,等. 基于全排列多边形综合图示法的唐山市土地利用多功能性评价[J]. 中国土地科学,2016,30(6): 23 - 32.

[86] 赵松乔,陈传康,牛文元. 近三十年来我国综合自然地理学的进展[J]. 地理学报,1979,(3): 187 - 199.

[87] 赵文武,刘月,冯强,等. 人地系统耦合框架下的生态系统服务[J]. 地理科学进展,2018,37(1): 139 - 151.

[88] 甄霖,魏云洁,谢高地,等. 中国土地利用多功能性动态的区域分析[J]. 生态学报,2010,30(24): 6749 - 6761.

[89] 郑度. 21 世纪人地关系研究前瞻[J]. 地理研究,2002,21(1): 9 - 13.

[90] 中华人民共和国水利部国家防汛抗旱办公室. 中国水旱灾害公报[R]. 北京:中华人民共和国水利部公报,2018.

[91] 周侃,樊杰,盛科荣. 国土空间管控的方法与途径[J]. 地理研究,2019,38(10): 2527 - 2540.

[92] 朱方林,易中懿,朱大威. 江苏省农业结构调整战略性选择[J]. 江苏农业科学,2017,45(19): 33 - 38.

[93] ALA-HULKKO T, KOTAVAARA O, ALAHUHTA J, et al. Introducing accessibility analysis in mapping cultural ecosystem services[J]. Ecological Indicators, 2016, 66: 416 - 427.

[94] ALCAMO J, van VUUREN D, RINGLER C, et al. Changes in nature's balance sheet: model-based estimates of future worldwide ecosystem services[J]. Ecology and Society, 2005, 10(2): 19.

[95] ANDERSEN P S, VEJRE H, DALGAARD T, et al. An indicator-based method for quantifying farm multifunctionality [J].

Ecological indicators, 2013, 25: 166 - 179.

[96] ARNOLDUS H M J. An approximation of the rainfall factor in the universal soil loss equation[M].//De Boodt M, Gabriels D. Assessment of Erosion. Chichester, UK: Wiley, 1980: 127 - 132.

[97] BAI Y, CHEN Y Y, ALATALO J M, et al. Scale effects on the relationships between land characteristics and ecosystem services—a case study in Taihu Lake Basin, China[J]. Science of the Total Environment, 2020,716: 137083.

[98] BAI Y, ZHUANG C W, OUYANG Z Y, et al. Spatial characteristics between biodiversity and ecosystem services in a human-dominated watershed[J]. Ecological Complexity, 2011, 8(2): 177 - 183.

[99] BARÓ F, GÓMEZ-BAGGETHUN E, HAASE D. Ecosystem service bundles along the urban-rural gradient: insights for landscape planning and management[J]. Ecosystem Services, 2017, 24: 147 - 159.

[100] BENNETT E M, BALVANERA P. The future of production systems in a globalized world [J]. Frontiers in Ecology and the Environment, 2007, 5(4): 191 - 198.

[101] BRADFORD J B, D'AMATO A W. Recognizing trade-offs in multi-objective land management [J]. Frontiers in Ecology and the Environment, 2012, 10(4): 210 - 216.

[102] BRANDT J. Multifunctional landscapes-perspectives for the future[J]. Journal of Environmental Sciences, 2003, 15(2): 187 - 192.

[103] BURKHARD B, KROLL F, NEDKOV S, et al. Mapping ecosystem service supply, demand and budgets[J]. Ecological Indicators, 2012, 21: 17 - 29.

[104] BUTLER J R A, WONG G Y, METCALFE D J, et al. An analysis of trade-offs between multiple ecosystem services and stakeholders linked to land use and water quality management in the Great Barrier Reef, Australia[J]. Agriculture, Ecosystems & Environment, 2013,

180：176－191.

[105] CALLO-CONCHA D, DENICH M. A participatory framework to assess multifunctional land-use systems with multicriteria and multivariate analyses：a case study on agrobiodiversity of agroforestry systems in Tomé Açú, Brazil [J]. Change and Adaptation in Socio-Ecological Systems, 2014, 1(1)：40－50.

[106] CHANG Y C, KO T T. An interactive dynamic multi-objective programming model to support better land use planning[J]. Land Use Policy, 2014, 36：13－22.

[107] CHEN Q, HOU X, ZHANG X, et al. Improved GDP spatialization approach by combining land-use data and night-time light data：a case study in China's continental coastal area[J]. International Journal of Remote Sensing, 2016, 37(19)：4610－4622.

[108] COSTANZA R, D'ARGE R, DE GROOT R S, et al. The value of the world's ecosystem services and natural capital[J]. Nature, 1997, 387：253－260.

[109] COSTANZA R, GROOT R D, BRAAT L, et al. Twenty years of ecosystem services：how far have we come and how far do we still need to go[J]. Ecosystem Services, 2017, 28：1－16.

[110] CRONSHEY R. Urban hydrology for small watersheds[M]. US Department of Agriculture, Soil Conservation Service, Engineering Division, 1986.

[111] DAILY G. Nature's services：societal dependence on natural ecosystems[M]. Washington DC：Island Press, 1997.

[112] DANIEL T C, MUHAR A, ARNBERGER A, et al. Cultural ecosystem services：potential contributions to the ecosystems services science and policy agenda[J]. Proceedings of the National Academy of Sciences, 2012, 109(23)：8812－8819.

[113] de GROOT R S, WILSON M A, BOUMANS R M J. A

typology for the classification, description and valuation of ecosystem functions, goods and services[J]. Ecological Economics, 2002, 41(3): 393-408.

[114] de GROOT R S. Function-analysis and valuation as a tool to assess land use conflicts in planning for sustainable, multi-functional landscapes[J]. Landscape and Urban Planning, 2006, 75(34): 175-186.

[115] DEJEANT-PONS M. Council of Europe conference of ministers responsible for spatial/regional planning (CEMAT): 1970-2010. Basic texts (Vol. 3)[M]. Europe: Council of Europe, 2010.

[116] DU S, ROMPAEY A V, SHI P, et al. A dual effect of urban expansion on flood risk in the Pearl River Delta (China) revealed by land-use scenarios and direct runoff simulation[J]. Natural Hazards, 2015, 77: 111-128.

[117] DUANGJAI W, SCHMIDT-VOGT D, SHRESTHA R P. Farmers' land use decision-making in the context of changing land and conservation policies: a case study of Doi Mae Salong in Chiang Rai Province, Northern Thailand[J]. Land Use Policy, 2015, 48: 179-189.

[118] EHRLICH P, EHRLICH A. Extinction: the causes and consequences of the disappearance of species[J]. Bioscience, 1982, 53(4): 254-255.

[119] ELSAWAH S, GUILLAUME J H A, FILATOVA T, et al. A methodology for eliciting, representing, and analysing stakeholder knowledge for decision making on complex socio-ecological systems: from cognitive maps to agent-based models[J]. Journal of Environmental Management, 2015, 151: 500-516.

[120] FAN J, LI P. The scientific foundation of major function oriented zoning in China[J]. Journal of Geographical Sciences, 2009, 19(5): 15-531.

[121] FAN Y, JIN X, GAN L, et al. Spatial identification and

dynamic analysis of land use functions reveals distinct zones of multiple functions in eastern China[J]. Science of the total environment, 2018, 642: 33 - 44.

[122] FANG J, YU G, LIU L, et al. Climate change, human impacts, and carbon sequestration in China [J]. Proceedings of the National Academy of Sciences of the United States of America, 2018, 115(16): 4015 - 4020.

[123] FENG Q, ZHAO W, FU B, et al. Ecosystem service trade-offs and their influencing factors: a case study in the Loess Plateau of China[J]. Science of the Total Environment, 2017, 607: 1250 - 1263.

[124] FISCHER J, LINDENMAYER D B, MANNING A D. Biodiversity, ecosystem function, andresilience: ten guiding principles for commodity production landscapes [J]. Frontiers in Ecology and The Environment, 2006, 4 (2), 80 - 86.

[125] FISHER B, TURER R K, MORLING P. Defining and classifying ecosystem services for decision making [J]. Ecological Economics, 2009, 68(3): 643 - 653.

[126] FOLEY J A, DEFRIES R, ASNER G P, et al. Global consequences of land use[J]. Science, 2005, 309(5734): 570 - 574.

[127] FORMAN R T. Land mosaics: the ecology of landscapes and regions (1995)[M]. Washington DC: Island Press, 2014.

[128] FRANCESCONI W, SRINIVASAN R, PéREZ-MINANA E, et al. Using the Soil and Water Assessment Tool (SWAT) to model ecosystem services: a systematic review[J]. Journal of Hydrology, 2016, 535: 625 - 636.

[129] FRYREAR D W, BILBRO J D, SALEH A, et al. RWEQ: improved wind erosion technology [J]. Journal of Soil and Water Conservation, 2000, 55: 183 - 189.

[130] FU B J, HU C X, CHEN L D, et al. Evaluating change in

agricultural landscape pattern between 1980 and 2000 in the Loess hilly region of Ansai County, China [J]. Agriculture, Ecosystems & Environment, 2006, 114(24): 387 - 396.

[131] GIMONA A, van der HORST D. Mapping hotspots of multiple landscape functions: a case study on farmland afforestation in Scotland[J]. Landscape Ecology, 2007, 22(8): 1255 - 1264.

[132] GLP. Global land project: science plan and implementation strategy[R]. IGBP Secretariat, Stockholm. IGBP Report No. 53/IHDP Report No.19, 2005.

[133] GÓMEZ-SAL A, BELMONTES J A, NICOLAU J M. Assessing landscape values: a proposal for a multidimensional conceptual model[J]. Ecological Modelling, 2003, 168(3): 319 - 341.

[134] GRAINGER A. National land use morphology: patterns and possibilities[J]. Geography, 1995, 80(3): 235 - 245.

[135] GULICKX M M C, VERBURG P H, STOORVOGEL J J, et al. Mapping landscape services: a case study in a multifunctional rural landscape in The Netherlands[J]. Ecological Indicators, 2013, 24: 273 - 283.

[136] GUO B B, JIN X B, LIN Y N, et al. Determining the effect of the land consolidation project on the cropland ecosystem based on the ecological flow method[J]. Acta Ecologica Sinica, 2015, 35(23): 7669 - 7681.

[137] GUTZLER C, HELMING K, BALLA D, et al. Agricultural land use changes—a scenario-based sustainability impact assessment for Brandenburg, Germany[J]. Ecological Indicators, 2015, 48: 505 - 517.

[138] HAASE D, SCHWARZ N, STRHBACH M, et al. Synergies, trade-offs, and losses of ecosystem services in urban regions: an integrated multiscale framework applied to the Leipzig-Halle Region, Germany[J]. Ecology and Society, 2012, 17(3): 22.

[139] HAMEL P, CHAPLIN-KRAMER R, SIM S, et al. A new approach to modeling the sediment retention service (InVEST 3.0): case

study of the Cape Fear catchment, North Carolina, USA[J]. Science of the Total Environment, 2015, 524: 166 - 177.

[140] HELLIWELL D. Valuation of wildlife resources[J]. Regional Studies, 1969, 3: 41 - 47.

[141] HELMING K, TSCHERNING K, KONIG B, et al. Ex ante impact assessment of land use changes in European regions: the SENSOR approach[M]//Helming K, Pérez- Soba M, Tabbush P. Sustainability impact assessment of land use changes. Berlin & Heidelberg, Germany: Springer, 2008: 77 - 105.

[142] HERMANN A, KUTTNER M, HAINZ-RENETZEDER C, et al. Assessment framework for landscape services in European cultural landscapes: an Austrian Hungarian case study[J]. Ecological Indicators, 2014, 37: 229 - 240.

[143] HOPWOOD B, MMELLOR M, O'BRIEN G. Sustainable development: mapping different approaches[J]. Sustainable Development, 2005, 13(1): 38 - 52.

[144] IPCC. IPCC Guidelines for national greenhouse gas inventories, Volume 4: agriculture, forestry and other land use[R]. Cambridge: Cambridge University Press, 2006.

[145] JIANG G, HE X, QU Y, et al. Functional evolution of rural housing land: a comparative analysis across four typical areas representing different stages of industrialization in China[J]. Land Use Policy, 2016, 57: 645 - 654.

[146] JIN X, ZHANG Z, WU X, et al. Co-ordination of land exploitation, exploitable farmland reserves and national planning in China[J]. Land Use Policy, 2016, 57: 682 - 693.

[147] JOPKE C, KREYLING J, MAES J, et al. Interactions among ecosystem services across Europe: bagplots and cumulative correlation coefficients reveal synergies, trade-offs, and regional patterns [J].

Ecological Indicators, 2015, 49: 46 - 52.

[148] KALNAY E, CAI M. Impact of urbanization and land-use change on climate[J]. Nature, 2003, 423(6939): 528 - 531.

[149] KASPERSEN P S, RAVN N H, ARNBJERG-NIELSEN K, et al., Comparison of the impacts of urban development and climate change on exposing European cities to pluvial flooding[J]. Hydrology and Earth System Sciences, 2017, 21: 4131 - 4147.

[150] KATES R W, CLARK W C, CORELL R, et al. Sustainability science[J]. Science, 2001, 292: 641 - 642.

[151] KIENAST F, BOLLIGER J, POTSCHIN M, et al. Assessing landscape functions with broad-scale environmental data: insights gained from a prototype development for Europe [J]. Environmental Management, 2009, 44(6): 1099 - 1120.

[152] KLEIN T, HOLZKAMPER A, CALANCA P, et al. Adapting agricultural land management to climate change: a regional multi-objective optimization approach[J]. Landscape Ecology, 2013, 28(10): 2029 - 2047.

[153] KROLL F, MÜLLER F, HAASE D, et al. Rural-urban gradient analysis of ecosystem services supply and demand dynamics[J]. Land Use Policy, 2012, 29(3): 521 - 535.

[154] KRUSKA R L, REID R S, THORNTON, P K, et al. Mapping livestock-oriented agricultural production systems for the developing world[J]. Agricultural Systems, 2003, 77: 39 - 63.

[155] KWAN M P. Space-time and integral measures of individual accessibility: a comparative analysis using a point-based framework[J]. Geographical analysis, 1998, 30(3): 191 - 216.

[156] LARONDELLE N, HAASE D. Urban ecosystem services assessment along a rural-urban gradient: a cross-analysis of European cities[J]. Ecological Indicators, 2013, 29: 179 - 190.

[157] LEH M D K, MATLOCK M D, CUMMINGS E C, et al.

Quantifying and mapping multiple ecosystem services change in West Africa[J]. Agriculture, Ecosystems & Environment, 2013, 165: 6 - 18.

[158] LESTER S E, COSTELLO C, HALPERN B S, et al. Evaluating tradeoffs among ecosystem services to inform marine spatial planning[J]. Marine Policy, 2013, 38: 80 - 89.

[159] LI B, WANG W. Trade-offs and synergies in ecosystem services for the Yinchuan Basin in China[J]. Ecological Indicators, 2018, 84: 837 - 846.

[160] LI R, ZHENG H, LV S, et al. Development and evaluation of a new index to assess hydrologic regulating service at sub-watershed scale[J]. Ecological Indicators, 2018, 86: 9 - 17.

[161] LI Y, ZHANG L, QIU J, et al. Spatially explicit quantification of the interactions among ecosystem services[J]. Landscape Ecology, 2017, 32(6): 1181 - 1199.

[162] LIN S, WU R, YANG F, et al. Spatial trade-offs and synergies among ecosystem services within a global biodiversity hotspot[J]. Ecological Indicators, 2018, 84: 371 - 381.

[163] LIU J Y, KUANG W H, ZHANG Z X, et al. Spatiotemporal characteristics, patterns, and causes of land-use changes in China since the late 1980s[J]. Journal of Geographical Sciences, 2014, 24(2): 195 - 210.

[164] LIU J Y, ZHANG Z X, XU X L, et al. Spatial patterns and driving forces of land use change in China during the early 21st century[J]. Journal of Geographical Sciences, 2010, 20(4): 483 - 494.

[165] LIU X, LI J. Scientific solutions for the functional zoning of nature reserves in China[J]. Ecological Modelling, 2008, 215(13): 237 - 246.

[166] LIU Y, LI J, ZHANG H. An ecosystem service valuation of land use change in Taiyuan City, China[J]. Ecological Modelling, 2012, 225: 127 - 132.

[167] LONG K, PIJANOWSKI B C. Is there a relationship between

water scarcity and water use efficiency in China? A national decadal assessment across spatial scales[J]. Land Use Policy, 2017, 69: 502 - 511.

[168] LOVELL S T. Multifunctional urban agriculture for sustainable land use planning in the United States[J]. Sustainability, 2010, 2(8): 2499 - 2522.

[169] LUO L, MA Y, ZHANG S, et al. An inventory of trace element inputs to agricultural soils in China[J]. Journal of Environmental Management, 2009, 90(8): 2524 - 2530.

[170] MATSUNO Y, NAKAMURA K, MASUMOTO T, et al. Prospects for multifunctionality of paddy rice cultivation in Japan and other countries in monsoon Asia[J]. Paddy and Water Environment, 2006, 4(4): 189 - 197.

[171] MCNALLY C G, UCHIDA E, GOLD A J. The effect of a protected area on the tradeoffs between short-run and long-run benefits from mangrove ecosystems[J]. Proceedings of the National Academy of Sciences, 2011, 108(34): 13945 - 13950.

[172] MEA. Ecosystems and human well-being: a framework for assessment[M]. Washington DC: Island Press, 2003.

[173] MEA. Ecosystems and human well-being: synthesis [M]. Washington DC: Island Press, 2005.

[174] MEEHAN T D, GRATTON C, DIEHL E, et al. Ecosystem-service tradeoffs associated with switching from annual to perennial energy crops in riparian zones of the US midwest[J]. Plos One, 2013, 8(11): e80093.

[175] MOUCHET M A, PARACCHINI M L, SCHULP C J E, et al. Bundles of ecosystem (dis)services and multifunctionality across European landscapes[J]. Ecological Indicators, 2017, 73: 23 - 28.

[176] NAHUELHUAL L, VERGARA X, KUSCH A, et al. Mapping ecosystem services for marine spatial planning: recreation

opportunities in Sub-Antarctic Chile[J]. Marine Policy, 2017, 81: 211 - 218.

[177] NAIDOO R, BALMFORD A, COSTANZA R, et al. Global mapping of ecosystem services and conservation priorities[J]. Proceedings of the National Academy of Sciences of the United States of America, 2008, 105(28): 9495 - 9500.

[178] OECD. Multifunctionality: towards an analytical framework[R]. Organisation for Economic Co-operation and Development, Paris, 2001.

[179] O'FARRELLL P J, ANDERSON P M. Sustainable multifunctional landscapes: a review to implementation[J]. Current Opinion in Environmental Sustainability, 2010, 2(12): 59 - 65.

[180] OSTROM E. A general framework for analyzing sustainability of social-ecological systems[J]. Science, 2009, 325(5939): 419 - 422.

[181] OUYANG Z, ZHENG H, XIAO Y, et al. Improvements in ecosystem services from investments in natural capital[J]. Science, 2016, 352(6292): 1455 - 1459.

[182] PARACCHINI M L, PACINI C, JONES M L M, et al. An aggregation framework to link indicators associated with multifunctional land use to the stakeholder evaluation of policy options[J]. Ecological Indicators, 2011, 11(1): 71 - 80.

[183] PARACCHINI M L, ZULIAN G, KOPPEROINEN L, et al. Mapping cultural ecosystem services: a framework to assess the potential for outdoor recreation across the EU[J]. Ecological Indicators, 2014, 45: 371 - 385.

[184] PATEL N R, DADHWAL V K, SAHA S K, et al. Evaluation of MODIS data potential to infer water stress for wheat NPP estimation[J]. Tropical Ecology, 2010, 51(1): 93 - 105.

[185] PENG D, HUANG J, LI C, et al. Modelling paddy rice yield using MODIS data[J]. Agricultural and Forest Meteorology, 2014, 184: 107 - 116.

[186] PENG J, CHEN X, LIU Y, et al. Spatial identification of multifunctional landscapes and associated influencing factors in the Beijing-Tianjin-Hebei region, China[J]. Applied Geography, 2016, 74: 170 - 181.

[187] PENG J, LIU Y, LIU Z, et al. Mapping spatial non-stationarity of human-natural factors associated with agricultural landscape multifunctionality in Beijing-Tianjin-Hebei region, China[J]. Agriculture, Ecosystems & Environment, 2017, 246: 221 - 233.

[188] PENG J, LIU Y, TIAN L. Integrating ecosystem services trade-offs with paddy land-to-dry land decisions: a scenario approach in Erhai Lake Basin, southwest China[J]. Science of the Total Environment, 2018, 625: 849 - 860.

[189] PENG J, LIU Z, LIU Y, et al. Multifunctionality assessment of urban agriculture in Beijing City, China[J]. Science of the Total Environment, 2015, 537: 343 - 351.

[190] PÉREZ-SOBA M, PETIT S, JONES L, et al. Land use functions: a multifunctionality approach to assess the impact of land use changes on land use sustainability[M]//Helming K, Pérez-Soba M, Tabbush P. Sustainability impact assessment of land use changes. Berlin & Heidelberg, Germany: Springer, 2008: 375 - 404.

[191] PIELKE R A. Land use and climate change[J]. Science, 2005, 310(5754): 1625 - 1626.

[192] POSNER S, VERUTES G, KOH I, et al. Global use of ecosystem service models[J]. Ecosystem Services, 2016, 17: 131 - 141.

[193] QIU J, TUENER M G. Spatial interactions among ecosystem services in an urbanizing agricultural watershed[J]. Proceedings of the National Academy of Sciences, 2013, 110(29): 12149 - 12154.

[194] QUEIROZ C, MEACHAM M, RICHER K, et al. Mapping bundles of ecosystem services reveals distinct types of multifunctionality within a Swedish landscape[J]. Ambio, 2015, 44(1): 89 - 101.

[195] RAUDSEPP-HEARNE C, PETERSON G D, BENNETT E M, et al. Ecosystem service bundles for analyzing tradeoffs in diverse landscapes[J]. Proceedings of the National Academy of Sciences, 2010, 107(11): 5242 - 5247.

[196] REENBERG A. Land systems research in Denmark: background and perspectives[J]. Geografisk Tidsskrift-Danish Journal of Geography, 2006, 106(2): 1 - 6.

[197] RODRÍGUEZ J P, BEARD Jr T D, BNNETT E M et al. Trade-offs across space, time, and ecosystem services[J]. Ecology and Society, 2006, 11(1): 28.

[198] RODRÍGUEZ-LOINAZ G, ALDAY J G, ONAINDIA M. Multiple ecosystem services landscape index: a tool for multifunctional landscapes conservation[J]. Journal of Environmental Management, 2015, 147: 152 - 163.

[199] ROSSING W A H, ZANDER P, JOSIEN E, et al. Integrative modelling approaches for analysis of impact of multifunctional agriculture: a review for France, Germany and The Netherlands[J]. Agriculture, Ecosystems & Environment, 2007, 120(1): 41 - 57.

[200] SASAKI T, FURUKAWA T, IWASAKI Y, et al. Perspectives for ecosystemmanagement based on ecosystem resilience and ecological thresholds against multiple and stochastic disturbances[J]. Ecological Indicators, 2015, 57, 395 - 408.

[201] SHARP R, TALLIS H T, RICKETTS T, et al. InVEST user's guide[R]. CA, USA: The Natural Capital Project: Stanford, 2014.

[202] SHEN J, DU S, HUANG Q, et al. Mapping the city-scale supply and demand of ecosystem flood regulation services—A case study in Shanghai[J]. Ecological Indicators, 2019, 106: 105544.

[203] SONG W, DENG X. Land-use/land-cover change and ecosystem service provision in China[J]. Science of the Total Environment, 2017, 576: 705 - 719.

[204] SONG X, HUANG Y, WU Z, et al. Does cultivated land function transition occur in China? [J]. Journal of Geographical Sciences, 2015, 25(7): 817 - 835.

[205] STÜRCK J, POORTINGA A, VERBURG P H. Mapping ecosystem services: the supply and demand of flood regulation services in Europe[J]. Ecological Indicators, 2014, 38: 198 - 211.

[206] SU C H, FU B J. Evolution of ecosystem services in the Chinese Loess Plateau under climatic and land use changes[J]. Global and Planetary Change, 2013, 101: 119 - 128.

[207] SUTHERLAND W J, ARMSTRONG-BROWN S, ARMSWORTH P R, et al. The identification of 100 ecological questions of high policy relevance in the UK[J]. Journal of Applied Ecology, 2006, 43(4): 617 - 627.

[208] SUTTON P C, ELVIDGE C D, GHOSH T, et al. Estimation of gross domestic product at sub-national scales using nighttime satellite imagery[J]. International Journal of Ecological Economics and Statistics, 2007, 8(S07): 5 - 21.

[209] TILMAN D, CASSMAN K G, MATSON P A, et al. Agricultural sustainability and intensive production practices[J]. Nature, 2002, 418(6898): 671 - 677.

[210] TURNER II B L, LAMBIN E F, REENBERG A. Land change science special feature: the emergence of land change science for global environmental change and sustainability[J]. Proceedings of the National Academy of Sciences, 2007, 104: 20666 - 20671.

[211] TURNER M G. Landscape ecology: what is the state of the science? [J]. Annual Review of Ecology, Evolution, and Systematics, 2005, 36: 319 - 344.

[212] van WEE B, HAGOORT M, ANNEMA J A, et al. Accessibility measures with competition [J]. Journal of Transport

Geography, 2001, 9(3): 199 - 208.

[213] VERBURG P H, VAN DE STEEG J, VELDKAMP A, et al. From land cover change to land function dynamics: a major challenge to improve land characterization[J]. Journal of Environmental Management, 2009, 90(3): 1327 - 1335.

[214] WALKER R T. Land use transition and deforestation in developing countries[J]. Geographical Analysis, 1987, 19(1): 18 - 30.

[215] WALZ U, STEIN C. Indicators of hemeroby for the monitoring of landscapes in Germany[J]. Journal for Nature Conservation, 2014, 22(3): 279 - 289.

[216] WANG F, WALL G. Mudflat development in Jiangsu Province, China: practices and experiences [J]. Ocean & Coastal Management, 2010, 53(11): 691 - 699.

[217] WANG J F, HU Y. Environmental health risk detection with GeoDetector[J]. Environmental Modelling & Software, 2012, 33: 114 - 115.

[218] WANG J F, LI X H, CHRISTAKOS G, et al. Geographical detectors-based health risk assessment and its application in the neural tube defects study of the Heshun region, China[J]. International Journal of Geographical Information Science, 2010,24(1): 107 - 127.

[219] WANG J F, ZHANG T L, FU B J. A measure of spatial stratified heterogeneity[J]. Ecological Indicators, 2016, 67(2016): 250 - 256.

[220] WCED. Our Common Future[R]. Oxford: Oxford University Press, 1987.

[221] WESTMAN W E. How much are nature's services worth? [J]. Science, 1997, 197(4307): 960 - 964.

[222] WIGGERING H, DALCHOW C, GLEMNITZ M, et al. Indicators for multifunctional land use-linking socio-economic requirements with landscape potentials[J]. Ecological Indicators, 2006, 6(1): 238 - 249.

[223] WIGGERING H, MÜLLER K, WERNER A, et al. The

concept of multifunctionality in sustainable land development [M]// Helming K, Wiggering H. Sustainable development of multifunctional landscapes. Berlin & Heidelberg, Germany: Springer, 2003: 3 - 18.

[224] WILLEMEN L, HEIN L, VAN MENSVOORT M E F, et al. Space for people, plants, and livestock? Quantifying interactions among multiple landscape functions in a Dutch rural region [J]. Ecological Indicators, 2010, 10(1): 62 - 73.

[225] WILLEMEN L, VERBURG P H, HEIN L, et al. Spatial characterization of landscape functions[J]. Landscape and Urban Planning, 2008, 88(1): 34 - 43.

[226] WILLIAMS J, NEARING M, NICKS A, et al. Using soil erosion models for global change studies[J]. Journal of Soil and Water Conservation, 1996, 51(5), 381 - 385.

[227] WISCHMEIER W H, MANNERING J V. Relation of soil properties to its erodibility [J]. Soil Science Society of American Proceedings, 1969,33(1):131 - 137.

[228] WOLFF S, SCHULP C J E, VERBURG P H. Mapping ecosystem services demand: a review of current research and future perspectives[J]. Ecological Indicators, 2015, 55: 159 - 171.

[229] WRBKA T, ERB K H, SCHULZ N B, et al. Linking pattern and process in cultural landscapes. An empirical study based on spatially explicit indicators[J]. Land Use Policy, 2004, 21(3): 289 - 306.

[230] WU J J. Landscape ecology, cross-disciplinarity, and sustainability science[J]. Landscape Ecology, 2006, 21(1): 1 - 4.

[231] XIE G D, ZHEN L, ZHANG C X, et al. Assessing the multifunctionalities of land use in China[J]. Journal of Resources and Ecology, 2010, 1(4): 311 - 318.

[232] YANG G, GE Y, XUE H, et al. Using ecosystem service bundles to detect trade-offs and synergies across urban-rural complexes[J]. Landscape

and Urban Planning, 2015, 136: 110-121.

[233] YANG X, JIN X, XIANG X, et al. Carbon emissions induced by farmland expansion in China during the past 300 years[J]. Science China Earth Sciences, 2019, 62: 423-437.

[234] YIN Z E, YIN J, XU S, et al. Community-based scenario modelling and disaster risk assessment of urban rainstorm waterlogging[J]. Journal of Geographical Sciences, 2011, 21, 274-284.

[235] ZASADA I. Multifunctional peri-urban agriculture—A review of societal demands and the provision of goods and services by farming[J]. Land use policy, 2011, 28(4): 639-648.

[236] ZHOU D, XU J, LIN Z. Conflict or coordination? Assessing land use multi-functionalization using production-living-ecology analysis[J]. Science of the Total Environment, 2017, 577: 136-147.

[237] ZHOU H, QIN P, ZHOU J. Effects of Spartina alterniflora salt marshes on organic carbon acquisition in intertidal zones of Jiangsu Province, China[J]. Ecological Engineering, 2007, 30(3): 240-249.

图书在版编目(CIP)数据

区域土地利用功能权衡特征与机制研究：以江苏省为例 / 范业婷著. —南京：南京大学出版社，2021.11

（南京大学人文地理优秀博士文丛 / 黄贤金等主编）

ISBN 978-7-305-24939-6

Ⅰ. ①区… Ⅱ. ①范… Ⅲ. ①土地利用—区域规划—研究—江苏 Ⅳ. ①F321.1

中国版本图书馆 CIP 数据核字(2021)第 175994 号

出版发行 南京大学出版社
社　　址 南京市汉口路 22 号　　邮　　编 210093
出 版 人 金鑫荣

丛 书 名 南京大学人文地理优秀博士文丛
书　　名 区域土地利用功能权衡特征与机制研究
——以江苏省为例
著　　者 范业婷
责任编辑 荣卫红　　编辑热线 025-83685720

照　　排 南京开卷文化传媒有限公司
印　　刷 南京玉河印刷厂
开　　本 718×1000 1/16 印张 12.75 字数 196 千
版　　次 2021 年 11 月第 1 版　2021 年 11 月第 1 次印刷
ISBN 978-7-305-24939-6
定　　价 56.00 元

网　　址：http://www.njupco.com
官方微博：http://weibo.com/njupco
官方微信号：njupress
销售咨询热线：(025)83594756

---

* 版权所有，侵权必究
* 凡购买南大版图书，如有印装质量问题，请与所购图书销售部门联系调换